Amizades Improváveis

> Para Kate, Will, Elliott e Jasper.
> E para Mamãe, é claro.

Título do original: *Unlikely Friendships*.

Copyright © 2011 Jennifer S. Holland.
Copyright da arte gráfica © Workman Publishing.
Publicado mediante acordo com Workman Publishing Company, Nova York.
Copyright da edição brasileira © 2011 Editora Pensamento-Cultrix Ltda.

Todos os direitos reservados. Nenhuma parte desta obra pode ser reproduzida ou usada de qualquer forma ou por qualquer meio, eletrônico ou mecânico, inclusive fotocópias, gravações ou sistema de armazenamento em banco de dados, sem permissão por escrito, exceto nos casos de trechos curtos citados em resenhas críticas ou artigos de revistas.

A Editora Pensamento não se responsabiliza por eventuais mudanças ocorridas nos endereços convencionais ou eletrônicos citados neste livro.

Capa e fotos internas de Raquel Jaramillo.
Coordenação editorial: Denise de C. Rocha Delela e Roseli de S. Ferraz.
Preparação de originais: Denise de C. Rocha Delela
Revisão: Indiara Faria Kayo
Diagramação: Join Bureau

Crédito das fotos: CAPA: Frente, CNImaging/Photoshot; parte de trás da esquerda para a direita, © Rohit Vyas, © Rex USA, © Rina Deych. INTERNAS: p. 3, CNImaging/Photoshot; p. 4, p. 8, © Twycross Zoo; p. 6 em cima à esquerda, © Ron Cohn/Gorilla Foundation/koko.org; pp. 6-7, © Helen J. Arnold; p. 7 abaixo à direita, p. 14 © Rex USA; p. 13, Jennifer Hayes; pp. 17-19, © Rex USA; p. 20, © dpa/Landov; p. 22, © EPA/ALEXANDER RUESCHE/Landov; p. 23, © Associated Press/Fritz Reiss; p. 24, p. 27, Lisa Mathiasen e Julia Di Sieno; p. 28, © Barb Davis, Best Friends Volunteer; p. 32, p. 35 , © 2011 Zoological Society of San Diego; p. 36, p. 38 © Elizabeth Ann Sosbe; p. 40, p. 43, © Johanna Kerby; p. 44, © Jennifer Hayes; p. 48, p. 51, © Barbara Smuts; p. 52, p. 55, Solentnews.co.uk; p. 56, p. 59, Melanie Stetson Freeman/© 2006 The Christian Science Monitor; p. 60, pp. 62-63, Laurie Maxwell/Jonathan Jenkins; p. 64, Bob Pennell/Mail Tribune; p. 68, pp. 71-73, © Ron Cohn/Gorilla Foundation/koko.org; p. 74, © Rhino & Lion Nature Reserve; p. 78, pp. 80-81, © Rina Deych; p. 82, p. 85, © Rohit Vyas; p. 86, Miller & Maclean; p. 90, BARCROFT/FAME; pp. 93-95, noahs-ark.org; p. 96, THE NATION/AFP/Getty Images; p. 100, CNImaging/Photoshot; p. 104, pp. 107-108, Anne Young; p. 110, p. 113, Bob Muth; p. 114, © Associated Press; p. 148, p. 121, Lion Country Safari; p. 122, p. 125, © Jeffery R. Werner/IncredibleFeatures.com; p. 126, pp. 128-129, ZooWorld, Panama City Beach, FL; p. 130, p. 133, Dimas Ardian/Getty Images; pp. 134-135, © Associated Press/Achmad Ibrahim; p. 136, p. 139, SWNS; p. 140, p. 143, © Rex USA; p. 144, p. 147, Dean Rutz/The Seattle Times; p. 148, p. 151 Göran Ehlmé; p. 152, p. 155, pp. 156-157, © Helen J. Arnold; p. 158, p. 161, pp. 162-163, BARCROFT/FAME; p. 164, p. 167, Lauren E. Rhodes; p. 168, p. 171, Maggie Szpot; p. 172, p. 175, © Associated Press; p. 176, p. 179, p. 181, BARCROFT/FAME; p. 182, p. 186, p. 187, BARCROFT/FAME; p. 188, p. 191, © Omer Armoza; p. 192, p. 195, Deb e Terry Burns; p. 196, Norbert Rosing/National Geographic Stock; p. 200, p. 203, Koichi Kamoshida/Getty Images; p. 204, © Associated Press; p. 208, © Rhino & Lion Nature Reserve; p. 212, © Houston Zoo; pp. 216-217, © Twycross Zoo; p. 218, © Jennifer Hayes.

Dados Internacionais de Catalogação na Publicação (CIP)
(Câmara Brasileira do Livro, SP, Brasil)

Holland, Jennifer S.
  Amizades improváveis : histórias comoventes de companheirismo e amizade entre os animais / Jennifer S. Holland ; tradução Eduardo Gerpe Duarte. – São Paulo : Pensamento, 2011.

  Título original: Unlikely friendships
  ISBN 978-85-315-1766-2

  1. Amizades 2. Comportamento animal 3. Comportamento social em animais 4. Relação homem-animal I. Título. II. Título: Histórias comoventes de companheirismo e amizade entre os animais.

11-12411   CDD-590

Índices para catálogo sistemático:
1. Comportamento social em animais : Zoologia   590

O primeiro número à esquerda indica a edição, ou reedição, desta obra. A primeira dezena
à direita indica o ano em que esta edição, ou reedição, foi publicada.

Edição   Ano
1-2-3-4-5-6-7-8-9-10-11   11-12-13-14-15-16-17-18

Direitos de tradução para o Brasil
adquiridos com exclusividade pela
EDITORA PENSAMENTO-CULTRIX LTDA.
Rua Dr. Mário Vicente, 368 — 04270-000 — São Paulo, SP
Fone: (11) 2066-9000 — Fax: (11) 2066-9008
E-mail: atendimento@editorapensamento.com.br
http://www.editorapensamento.com.br
que se reserva a propriedade literária desta tradução.
Foi feito o depósito legal.

Amizades Improváveis

HISTÓRIAS COMOVENTES DE COMPANHEIRISMO E AMIZADE *entre os* ANIMAIS

JENNIFER S. HOLLAND

Tradução
EDUARDO GERPE DUARTE

Editora
Pensamento
SÃO PAULO

Então o lobo morará com o cordeiro e o
leopardo se deitará com o cabrito.
O bezerro, o leãozinho e o
gordo novilho andarão juntos
e um menino pequeno os guiará.
A vaca e o urso pastarão juntos,
juntas se deitarão as suas crias.
O leão se alimentará de forragem como o boi.
A criança de peito poderá brincar junto à cova da áspide,
a criança pequena porá a mão na cova da víbora.
– Isaías 11, 6-9

Se dois se deitam juntos, ficam aquecidos;
mas como alguém pode se aquecer sozinho?
– Eclesiastes 4:11

Sumário

Introdução	9
O elefante africano e o carneiro	15
O urso-negro-asiático e o gato preto	21
O filhote de lince e a cerva	25
A cadela sem rabo e o gato sem rabo	29
As chitas e os pastores da Anatólia	33
A cacatua e a gata	37
O bassê e o porquinho	41
O mergulhador e a arraia-jamanta	45
O jumento e a vira-lata	49
O patinho e o martim-pescador-australiano	53
O elefante e o cachorro de rua	57
Os furões e os cachorrões	61
O golden retriever e o peixe koi	65
A gorila e o gatinho	69
O hipopótamo e o bode pigmeu	75
A iguana e os gatos domésticos	79
O leopardo e a vaca	83
O filhote de leão e os irmãos caracais	87
O leão, o tigre e o urso	91
A leoa e o filhote de órix	97
O macaco e a pomba	101
O macaco e o gatinho	105
A égua e o veadinho	111

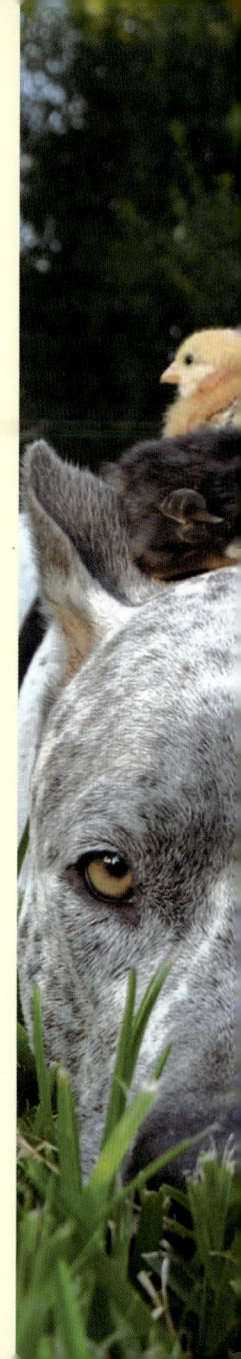

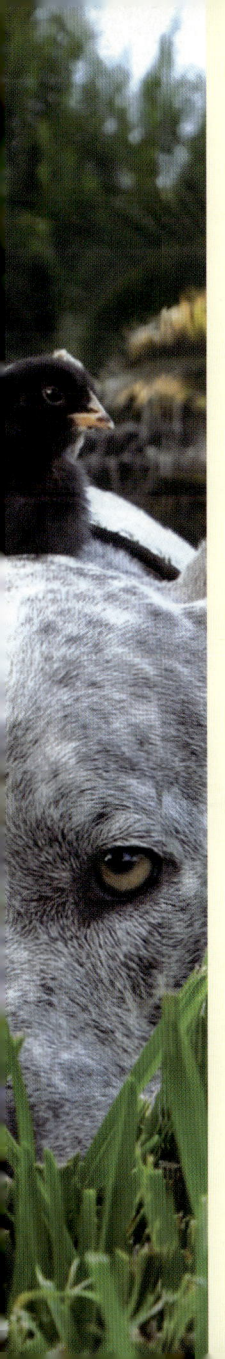

Os macacos e as capivaras...................................	115
O muflão e o elã..	119
A cerva míope e o poodle.....................................	123
O orangotango e o gatinho	127
Os bebês orangotangos e os filhotes de tigre.......	131
A coruja e o spaniel	137
A corujinha e o galgo	141
O papillon e o esquilo...	145
O fotógrafo e a foca-leopardo...............................	149
O pit-bull, o gato siamês e os pintinhos	153
O porquinho e o leão da Rodésia	159
O coelho e o porquinho-da-índia	165
O rato e o gato	169
Os pandas-vermelhos e a vira-lata maternal	173
O rinoceronte, o javali-africano e a hiena	177
O rottweiler e o filhote de lobo.............................	183
O cachorro e os golfinhos.....................................	189
A gata-guia e a labradora cega	193
O cão de trenó e o urso-polar................................	197
A cobra e o hamster..	201
A tartaruga e o hipopótamo...................................	205
O rinoceronte-branco e o bode	209
A zebra e a gazela	213
Epílogo	216

Um filhote de leão e um buldogue francês bebem juntos no Twycross Zoo, no Reino Unido.

Introdução

O PRIMEIRO GRANDE AMIGO DE JOHN, MEU MARIDO, FOI UM GUAXINIM. Quando um gato de rua deixou cair a minúscula bola peluda na bota de um vizinho, John, então com 10 anos, tornou-se o guardião do animalzinho, segurando-o nas mãos, gotejando leite na sua boca com um conta-gotas e colocando-o à noite em uma caixa envolto em um cobertor, com um relógio tiquetaqueando ao lado para imitar o coração da mãe. John chamou o animal de Bandit, e o guaxinim cresceu seguindo-o por toda parte – quando ele ia para a escola, na mesa de jantar, até mesmo no chuveiro. Bandit se sentava no ombro de John, agarrando o colarinho da camisa dele com a minúscula pata e com a cara no vento, enquanto os dois zuniam pela rua na bicicleta de John. E o guaxinim dormia enrodilhado no travesseiro de John, murmurando suavemente os seus sonhos de animal no ouvido da criança. A única palavra que poderia descrever o vínculo entre o menino e o guaxinim é amizade.

Não é incomum que os seres humanos estabeleçam uma conexão com outros animais. Bem mais do que a metade dos lares americanos têm animais domésticos, e os seus donos gastam mais de 40 bilhões de dólares por ano para cuidar do bem-estar deles. Pesquisas demonstram que o contato com esses animais pode baixar a pressão sanguínea, aliviar a depressão e atenuar a dor mental e física do envelhecimento, e estas são apenas algumas das inúmeras maneiras pelas quais os animais enriquecem a nossa vida.

Menos comum do que uma ligação entre um ser humano e um animal de estimação, e, à primeira vista, mais surpreendente, é o vínculo entre membros de duas espécies não humanas diferentes: um cachorro e um jumento, um gato e um pássaro, um carneiro e um elefante. O fenômeno é mais relatado no caso de animais em cativeiro, em parte porque simplesmente captamos esse ato com mais frequência. Mas isso também acontece porque, observa Barbara King, bióloga e especialista em primatas do College of William & Mary, nessa condição as barreiras são menores, os animais não estão lutando pelas suas necessidades básicas – o que possibilita que a sua energia emocional escoe para outro lugar. É claro que também existem casos de vínculos entre espécies na vida selvagem. "O mais importante", diz King, "é que sabemos que os animais, independentemente das circunstâncias, têm essa capacidade".

Nem todos os cientistas se sentem à vontade usando o termo amizade quando se referem a relações entre animais que envolvem carinho e proteção. Durante muitos anos, "os animais foram descritos como máquinas, e os que estudavam o comportamento animal desenvolveram uma terminologia desprovida de conotações humanas", escreveu o primatólogo Frans de Waal em *The Age of Empathy*. Ele próprio tem sido criticado por atribuir características humanas a animais por biólogos que acreditam que "os relatos antropomórficos não têm lugar na ciência".

Até mesmo aqueles que são menos avessos a associar ideias baseadas em pessoas a seres que não são pessoas dizem que não sabemos quanta conscientização existe entre os "amigos" com relação ao seu comportamento. No entanto, os behavioristas argumentam que a declaração de que não existe nenhuma conscientização pende excessivamente para o outro lado. A famosa primatóloga Jane Goodall, que descreveu o seu próprio relacionamento com chimpanzés não domesticados como sendo amizade, afirmou em uma recente entrevista para a revista *National Geographic*: "Não podemos compartilhar a nossa vida de uma maneira significativa com um animal e deixar de perceber que eles têm diferentes personalidades. As suas habilidades e emoções são semelhantes às nossas? Sem dúvida nenhuma".

Em um tom darwiniano, o biólogo evolucionário Marc Bekoff da University of Colorado, que escreveu *A Vida Emocional dos Animais* [Editora Cultrix, 2010], diz o seguinte: "A continuidade evolucionária – conceito oriundo de Charles Darwin – enfatiza que existem diferenças em grau e não em tipo entre os seres humanos e outros animais. Isso se aplica às emoções. Compartilhamos muitos sistemas corporais, entre eles o sistema límbico, no qual estão radicadas as emoções. Portanto, se sentimos alegria e tristeza, eles também sentem. Não é a mesma alegria e a mesma tristeza, mas as diferenças são tons de cinza, não preto *versus* branco". O carinho nos faz sentir bem, diz Bekoff; por que não teria o mesmo efeito em outras espécies?

A sensação de bem-estar é o tema deste livro. Estas histórias representam apenas uma pequena amostra da união inesperada entre animais, relatadas por pessoas do mundo inteiro. Os cães, compreensivelmente, figuram com destaque: uma cadela adota um esquilinho, outro cão desfila com pintinhos nas costas, um terceiro faz amizade com um elefante, por exemplo. Mas eu fui em busca de uma mistura de espécies para revelar a vasta abrangência desse fenômeno. Descrevo as uniões como amizades, sabendo que não podemos realmente explicar que combinações emocionais ligam o nosso parente não humano, mas pressupondo que exista algum paralelo com as nossas experiências. Para mim, a amizade é tão simples quanto buscar o conforto ou a companhia de outro ser para melhorar a nossa experiência de vida. Mesmo que uma amizade dure pouco tempo, ela é um fator positivo. E em todos os casos que se seguem, os animais envolvidos estão comprovadamente em melhor situação – mais confiantes, fisicamente mais fortes, mais animados – depois que se encontraram do que estavam antes.

Embora a minha ênfase seja em duplas de animais não humanos, durante a minha pesquisa tropecei em muitas histórias extraordinárias a respeito de pessoas formando vínculos com outras espécies. Esse é um assunto para outro livro, mas escolhi algumas das minhas favoritas e as incluí aqui.

Por que criaturas diferentes ficam juntas? Com frequência, os biólogos conseguem indicar um óbvio benefício para um dos animais, ou para ambos, como localizar predadores, manter parasitas à distância, ficar aquecido, encontrar comida. Os cientistas rotulam esses relacionamentos com termos como comensalismo ou mutualismo. Este livro focaliza casos que são um pouco menos sistemáticos. Alguns envolvem um animal que assume um papel parental ou protetor com relação a outro, provavelmente de maneira instintiva. Outros não têm uma explicação óbvia. Talvez a necessidade de um bom amigo não seja, afinal de contas, uma coisa apenas humana.

O que *é* de fato humano é sentir assombro ao ver um grande macaco abraçando um gatinho ou um cachorrinho esfregando o focinho em um porco. Ficamos naturalmente enternecidos com coisas macias e fofinhas (essa é uma das razões pelas quais conseguimos suportar o stress de ser pai ou mãe de um recém-nascido). Mas o encanto é algo mais profundo, afirma Barbara

A autora faz amizade com uma garoupa-batata na Austrália.

King: "Acredito que as pessoas anseiam por exemplos não apenas de encanto e beleza, e tampouco apenas de tolerância – mas de uma verdadeira compaixão e compartilhamento. Essas histórias nos ajudam a entrar em contato com o que há de melhor em nós".

. . .

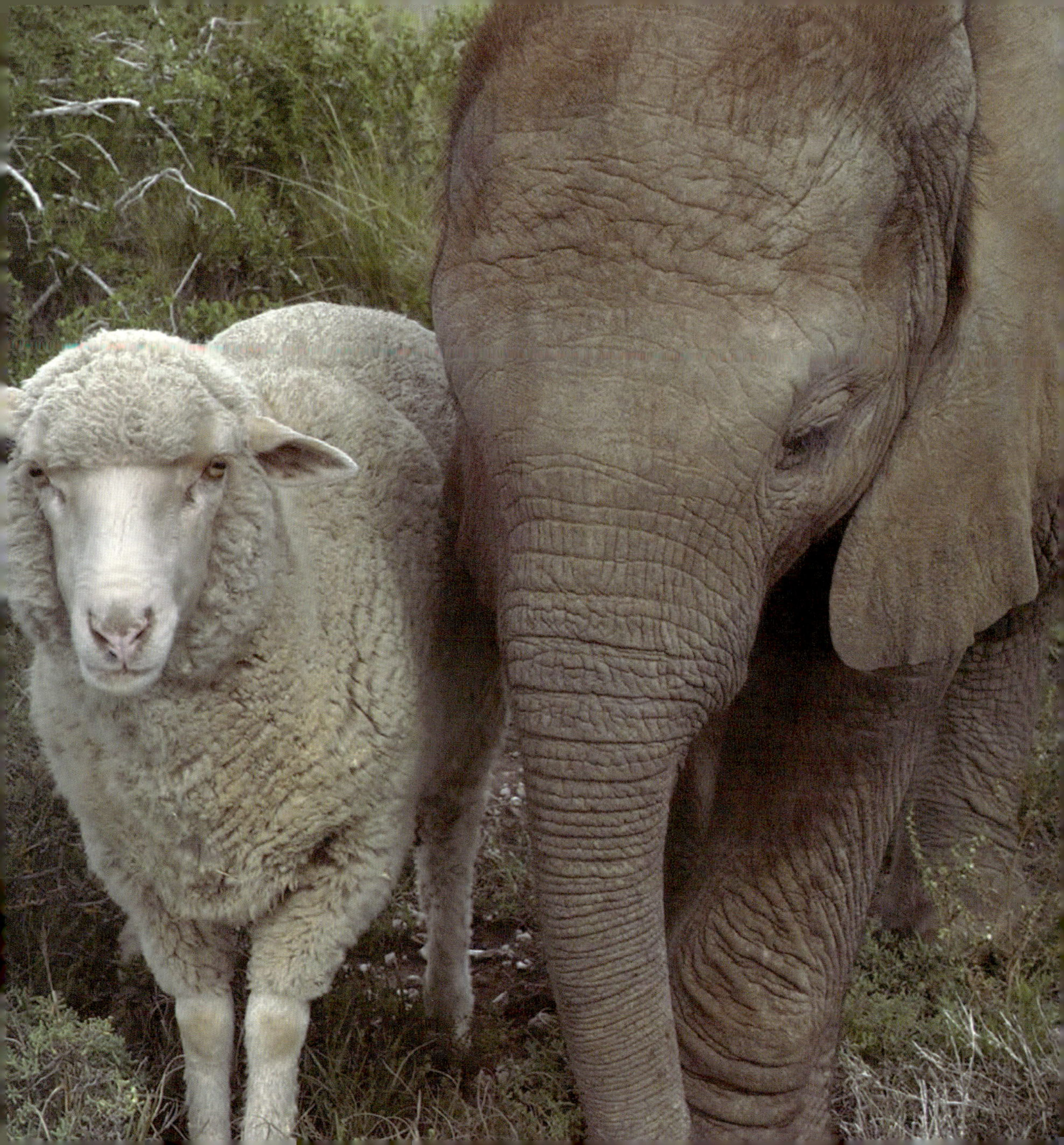

{ÁFRICA DO SUL, 2008}

O elefante africano e o carneiro

Com apenas seis meses de idade, Themba, o elefante, sofreu uma terrível perda: a mãe caiu em um precipício enquanto acompanhava a sua manada pela reserva natural sul-africana onde moravam. Como se tratava de um momento crítico para o vínculo mãe e filho, os veterinários estavam esperançosos de que outra fêmea da manada adotasse o elefantinho, mas nenhuma delas fez isso. Assim sendo, decidiram procurar uma substituta fora da família dos elefantes para ajudar Themba.

A equipe do Shamwari Wildlife Rehabilitation Center, na província do Cabo Oriental, tinha tido êxito ao reunir um rinoceronte órfão de mãe e um carneiro. Na esperança de obter um triunfo semelhante, administradores da fauna selvagem transferiram Themba para o centro de reabilitação e tomaram emprestado em uma fazenda vizinha um carneiro doméstico chamado Albert.

> **ELEFANTE AFRICANO**
> REINO: Animalia
> FILO: Chordata
> CLASSE: Mammalia
> ORDEM: Proboscidae
> FAMÍLIA: Elephantidae
> GÊNERO: Loxodonta
> ESPÉCIE: L. africana

Por que um carneiro? Eles podem não parecer animais muito inteligentes, mas na verdade a sua inteligência é apenas levemente inferior à dos porcos, que são animais bastante inteligentes. Com o tempo, conseguem reconhecer pessoas, são capazes de distinguir entre diferentes emoções com base em expressões faciais e reagem emocionalmente a caras familiares de várias espécies. Por isso, formar um vínculo com outros animais talvez não fosse tão improvável – especialmente no caso dos elefantes, que são inquestionavelmente espertos e expressivos, e se apoiam muito em elos sociais.

Ainda assim, a tentativa de unir as duas espécies não começou bem. Quando foram apresentados, Themba correu atrás de Albert em volta do bebedouro, batendo as orelhas e levantando o rabo para parecer enorme e o mais ameaçador possível. Albert fugiu, como exige o instinto dos carneiros, e ficou escondido horas a fio. Depois de três dias de gestos desconfiados e toques hesitantes, os dois finalmente se aceitaram, e o resultado mostrou que o início estressante valera a pena.

"Ainda me lembro do dia em que Albert arrancou as primeiras folhas de uma árvore na qual Themba se alimentava", diz o Dr. Johan Joubert, o diretor de fauna selvagem do centro. "Tivemos certeza de que eles haviam realmente formado um vínculo quando começaram a dormir aconchegados um ao outro. Devo admitir que ficamos preocupados com a possibilidade de que Themba se deitasse sobre Albert e o esmagasse sem querer!"

Tão logo o vínculo se consolidou, elefante e carneiro se tornaram inseparáveis. Cochilavam um ao lado do outro, brincavam e passeavam juntos, e Themba descansava a

> **CARNEIRO DOMÉSTICO**
> REINO: Animalia
> FILO: Chordata
> CLASSE: Mammalia
> ORDEM: Artiodactyla
> FAMÍLIA: Bovidae
> GÊNERO: Ovis
> ESPÉCIE: Ovies aries

tromba no dorso lanoso de Albert enquanto exploravam o terreno cercado ou saíam, em busca de algo para beliscar. Embora os cuidadores esperassem que Themba imitasse Albert, que era mais velho, foi o carneiro que passou a imitar o elefante, até mesmo aprendendo a se alimentar com as suas folhas prediletas – as de uma acácia espinhosa que normalmente não faz parte da alimentação dos carneiros.

Johan Joubert e a sua equipe haviam planejado reintroduzir Themba na sua família, na reserva onde ele nasceu. No entanto, durante as preparações para a sua libertação, Themba ficou doente com torção intestinal e os veterinários não conseguiram salvá-lo. Ele viveu apenas dois anos e meio do que poderia ter sido uma vida de setenta anos.

A equipe do centro de fauna selvagem ficou inconsolável, embora Albert, por sorte, tenha conseguido formar novas amizades entre espécies com filhotes de zebra e gnus da reserva.

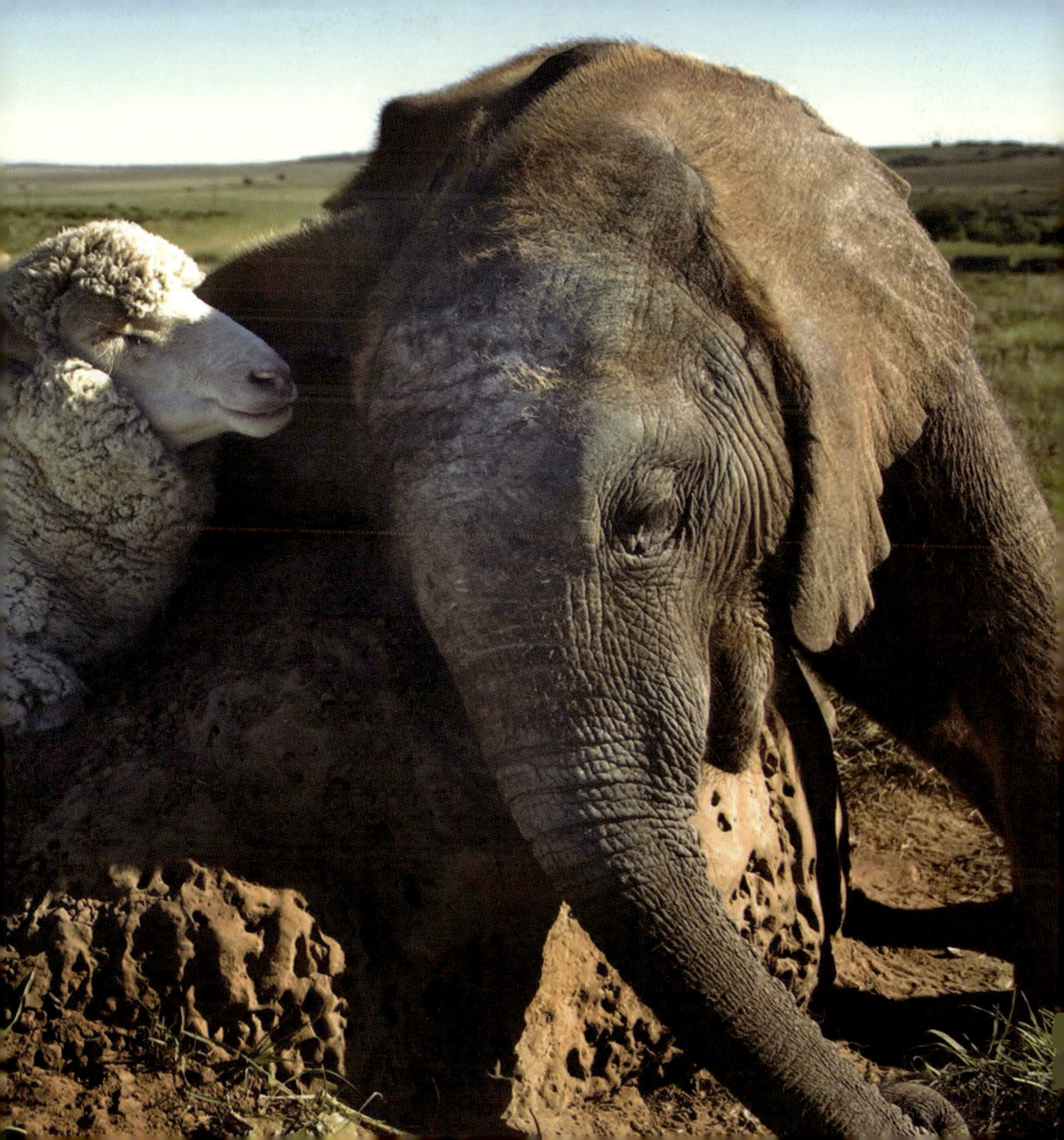

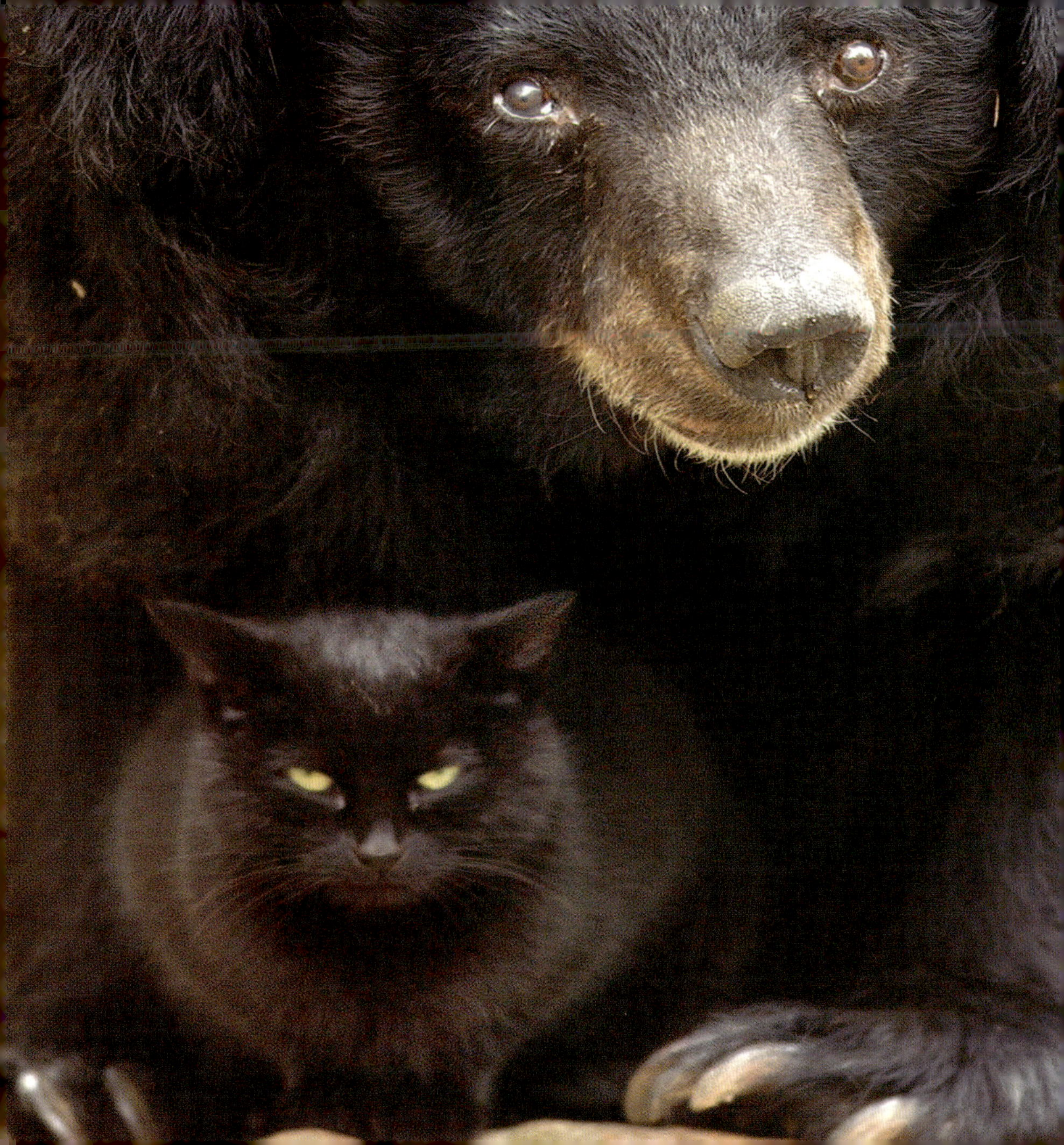

{ALEMANHA, 2000}

O urso-negro-asiático e o gato preto

SE LEVARMOS EM CONTA AS APARÊNCIAS, EXISTE ALGUMA COISA A RESPEITO DESSES dois mamíferos de pelo lustroso com orelhas em pé e atitudes suaves que simplesmente expressa o sentimento de *família*. No entanto, o gato doméstico de pelo macio e o peludo urso-negro-asiático compartilham pouco DNA. Os cachorros estão mais estreitamente relacionados com os ursos do que os gatos. Portanto, no caso de Muschi, a gata, e Mausschen, a ursa, não são os laços sanguíneos que as unem. Outra coisa as mantém juntas.

Ninguém no zoológico de Berlim, onde Mausschen vivia há mais de quarenta anos, sabe de onde veio Muschi. "Em 2000, notamos, de repente, que ela estava morando no cercado dos ursos-negros, e que tinha feito amizade com a velha ursa", diz Heiner Klös, o administrador. "É raro encontrar esse tipo de relacionamento entre dois carnívoros não relacionados, e os visitantes adoram observá-los juntos."

GATO DOMÉSTICO
REINO: Animalia
FILO: Chordata
CLASSE: Mammalia
ORDEM: Carnivora
FAMÍLIA: Felidae
GÊNERO: Felis
ESPÉCIE: Felis catus

Mausschen é a fêmea de urso-negro-asiático mais velha de que temos conhecimento. Ela é membro de uma espécie florestal de tamanho médio, cujo hábitat inclui partes do Afeganistão, do Himalaia, do Sudeste Asiático continental, do Extremo Oriente da Rússia e do Japão. Ela passou a vida sendo bem cuidada no cativeiro. Em qualquer dia pode ser vista esparramada em uma cama de feno com Muschi ao seu lado ou deitada com a gata ao sol, enquanto as duas absorvem juntas o calor do dia. Elas dividem igualmente refeições de carne crua, camundongos mortos e frutas. E durante um período de separação, quando o local de exibição dos ursos foi reformado, a gata pareceu perturbada e ficou esperando até poder se reunir com Mausschen. A equipe do zoológico incentivou a reunião depois de ver como os animais ficavam satisfeitos juntos.

    Muschi pode entrar e sair do cercado à vontade, "mas ela sempre volta para a velha ursa", diz Klös. Esse relacionamento fora do comum já dura uma década e não existem indícios de que vá terminar.

URSO-NEGRO-ASIÁTICO
REINO: Animalia
FILO: Chordata
CLASSE: Mammalia
ORDEM: Carnivora
FAMÍLIA: Ursidae
GÊNERO: *Ursus*
ESPÉCIE: *Ursus thibetanus*

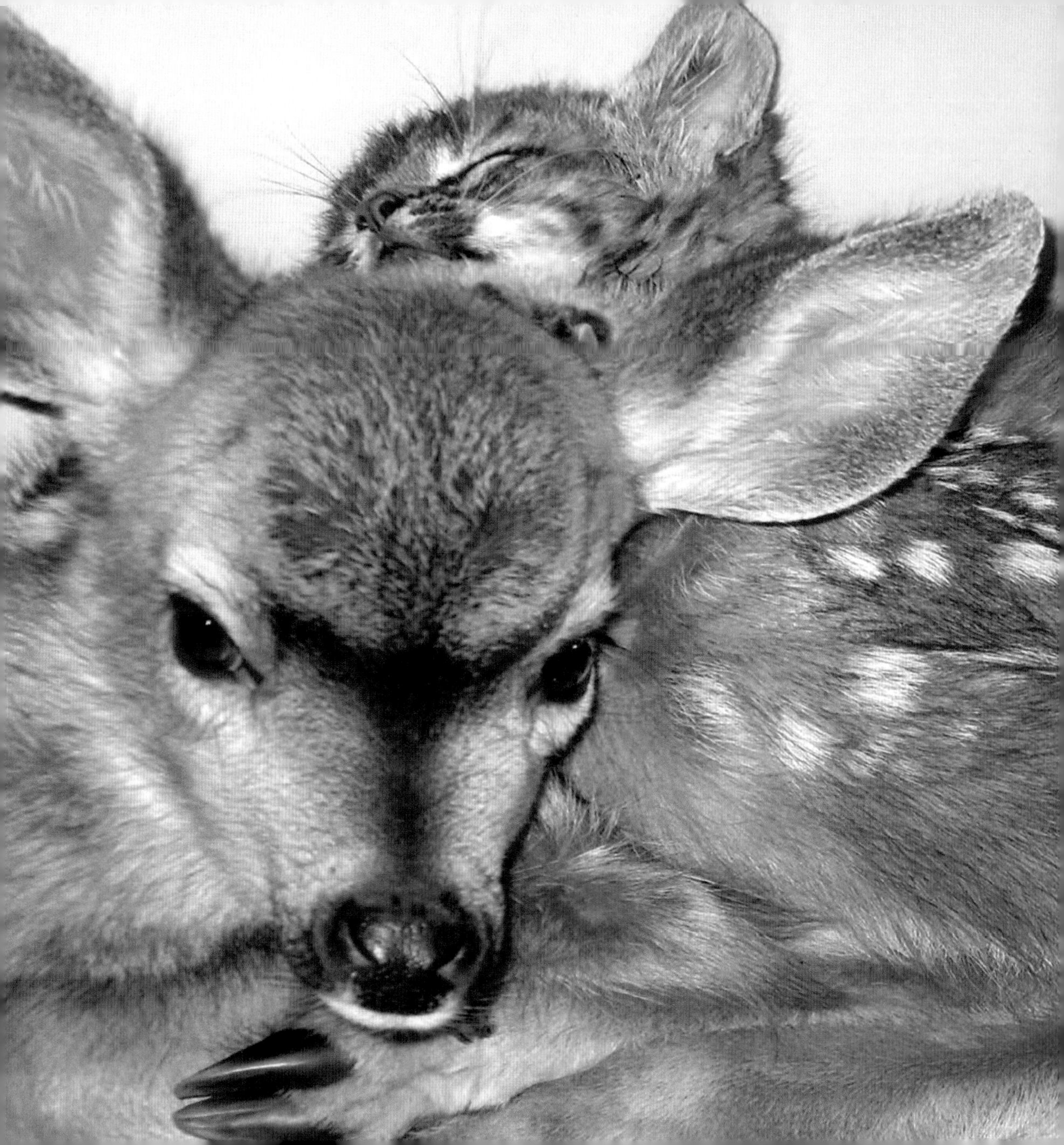

{CALIFÓRNIA, EUA, 2009}

O filhote de lince e a cerva

O FOGO NÃO É AMIGO DA FAUNA SELVAGEM. TODO ANO, APENAS NA CALIfórnia, pode haver cinquenta ou mais incêndios por mês que destroem centenas de hectares de hábitat, desalojando milhares de animais. Muitos morrem nas chamas ou posteriormente, devido ao stress ou à desidratação.

Mas alguns sortudos são salvos.

Foi o que aconteceu a uma minúscula cerva e um filhote de lince durante um grande incêndio perto de Santa Barbara em 2009. Foi no mês de maio, quando muitos animais dão à luz, de modo que as florestas da Califórnia estavam repletas de recém-nascidos sem firmeza nas pernas. Outros incêndios já tinham destruído vastas extensões de paisagem natural naquele ano, de modo que os animais sobreviventes estavam especialmente vulneráveis. O incêndio de maio foi devastador. Quando os reabilitadores da equipe de Santa Barbara Animal Rescue salvaram uma cerva particularmente jovem, ela

> **VEADO-MULA DA CALIFÓRNIA**
> REINO: Animalia
> FILO: Chordata
> CLASSE: Mammalia
> ORDEM: Artiodactyla
> FAMÍLIA: Cervidae
> GÊNERO: Odocoileus
> ESPÉCIE: Odocoileus hemionus californicus

estava fraca e vagava sozinha, chamando a mãe, pela área onde o fogo começara.

Devido à quantidade de órfãos que estavam sendo resgatados, o espaço nos centros de fauna selvagem estava escasso, de modo que o departamento do xerife ofereceu as suas instalações como abrigo temporário.

"Já tínhamos lá um minúsculo felino, um filhote de lince, em um engradado", diz Julia Di Sieno, chefe da equipe. "Nós o havíamos resgatado na propriedade do governador, e o animalzinho precisava de cuidados dia e noite. Não tínhamos certeza de que ele iria sobreviver." Ao trazer a cerva, ela constatou que os engradados, assim como o espaço de reabilitação, estavam escassos. A sua única opção foi colocar os dois jovens animais juntos. E como se constatou mais tarde, era exatamente disso que eles estavam precisando.

"Assim que colocamos a cerva no engradado, o lince caminhou na direção dela, se enroscou e foi dormir. Ambos estavam exaustos e fracos. Eles se aconchegaram como se fossem um só." Os animais ficaram juntos apenas algumas horas, pois a equipe de resgate encontrou lugar para a cerva em outro local, "mas foi um momento muito importante", diz ela. "Ele ofereceu calor e conforto para ambos, e talvez tenha aliviado o medo e a solidão que estavam sentindo. Foi um vínculo encantador."

O grupo de resgate, que nessa ocasião salvou animais selvagens e domésticos de todos os tipos, reabilita tudo, de patos a raposas e, com o tempo, os liberta em áreas nas quais o hábitat permanece intacto. Depois do

> **LINCE**
> REINO: Animalia
> FILO: Chordata
> CLASSE: Mammalia
> ORDEM: Carnivora
> FAMÍLIA: Felidae
> GÊNERO: Lynx
> ESPÉCIE: Lynx rufus

seu muito necessário repouso com o amigo lince, a cerva foi transferida e colocada junto com outros cervos para poder crescer ao lado de membros da sua espécie. Meses depois, quando a cerva estava com 1 ano de idade, o bando de veados foi libertado.

"É engraçado porque uma cerva normalmente seria uma deliciosa refeição para um lince – quero dizer, para um lince adulto", comenta Di Sieno. Na realidade, o felino, que por enquanto ainda está em cativeiro, tornou-se um caçador furtivo e bem-sucedido. No entanto, quando dominados pelo estresse do incêndio, os dois inimigos naturais encontraram força um no outro. "Estou certa de que ficar juntos naquele momento crítico elevou o ânimo deles", afirma Di Sieno.

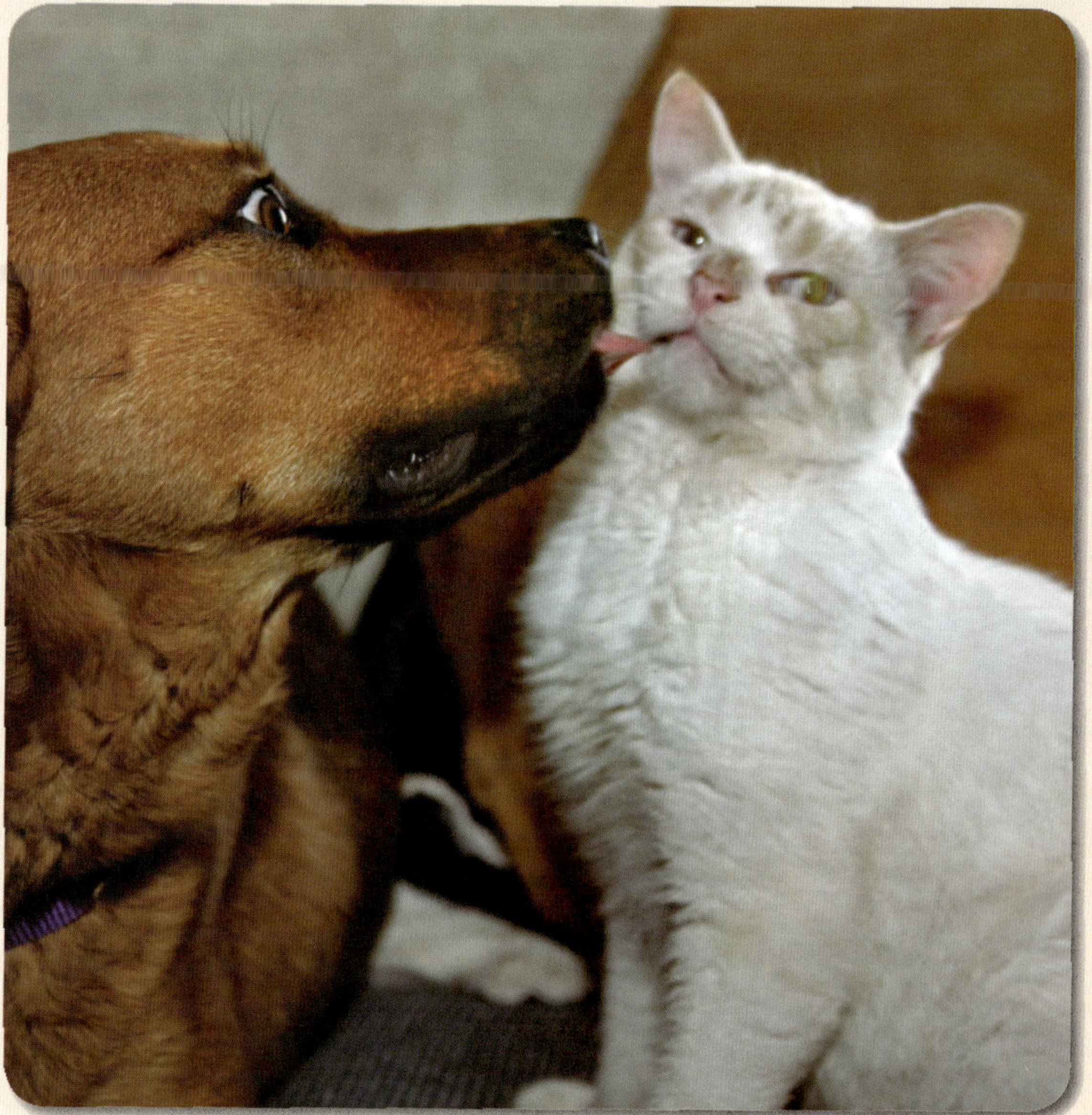

{LOUISIANA, EUA, 2005}

A cadela sem rabo e o gato sem rabo

Quando o furacão Katrina atingiu Nova Orleans, na Louisiana, em agosto de 2005, milhares de donos de animais de estimação foram obrigados a ir para terrenos elevados sem os seus animais. A maioria deixou comida e água para os animais, esperando poder resgatá-los daí a um ou dois dias. Mas poucos conseguiram voltar para casa, e pelo menos 250 mil animais domésticos se viram, de repente, sozinhos.

Um grande número de animais morreu. Muitos foram para as ruas, confiando nos seus instintos mais básicos para sobreviver. Alguns se reuniram em grupos para se proteger. Estes dois encontraram um ao outro.

O cachorro, na verdade uma cadela, tinha o rabo cortado. O gato, macho, também. A cadela tinha sido amarrada, mas conseguira se soltar, e alguns elos da corrente ainda pendiam do seu pescoço. O gato seguiu o tinido da corrente que se arrastava pelo chão. Eles provavelmente vagaram pela cidade daquele jeito durante muitas semanas. Ninguém sabe se moravam na mesma casa antes do furacão, mas quando um operário de obra se interessou pelos animais, eles estavam claramente juntos. Na realidade, a cadela tinha uma atitude extremamente protetora com relação ao seu amigo felino, rosnando quando alguém se aproximava demais dele.

Membros da equipe de resgate do Best Friends Animal Sanctuary levaram os dois para um abrigo temporário em Metairie, subúrbio de Nova Orleans, e os chamaram de Bobbi e Bob Cat, por causa do rabo cortado.

"Estávamos organizados para abrigar cães e gatos separadamente", diz Barbara Williamson, membro da equipe do santuário que cuida do relacionamento com a mídia e que também ajudou a zelar por Bobbi e Bob Cat quando foram capturados. "Mas Bobbi não aceitou a situação. Ela tinha um latido agudo que doía nos ouvidos. Enquanto ficaram separados, ela ficou muito irritada e latia muito alto." Por isso, os voluntários colocaram uma jaula dentro de uma jaula maior, de maneira a possibilitar que os animais tivessem acesso um ao outro sem ter a possibilidade de se machucar. "Enquanto Bobbi estava perto do seu gatinho, ela ficava calma", diz Barbara.

A descoberta de que Bob Cat era completamente cego, provavelmente desde que nasceu, tornou o relacionamento dos animais ainda mais comovente. Bobbi, a cadela, vinha realmente conduzindo o gatinho e mantendo-o em segurança. "Era possível ver isso pela maneira como ela acompanhava os movimentos dele", comenta Barbara. "Ela latia para ele, como se estivesse dizendo quando devia andar e quando devia parar. Ela batia com o traseiro nele, conduzindo-o na direção certa. Era uma coisa incrível de observar." Apesar da sua deficiência,

CÃO
REINO: Animalia
FILO: Chordata
CLASSE: Mammalia
ORDEM: Carnivora
FAMÍLIA: Canidae
GÊNERO: Canis
ESPÉCIE: Canus lupus familiaris

Bob Cat "era muito confiante, quase majestoso", afirma Barbara, "enquanto Bobbi parecia uma adolescente desajeitada. O contraste era muito divertido."

A notícia sobre a dupla cadela-gato se espalhou rapidamente por meio da mídia, e o abrigo Best Friends encontrou a pessoa certa para cuidar desses animais especiais. No entanto, lamentavelmente, não muito tempo depois da adoção, Bob Cat ficou doente e morreu. Os novos donos decidiram que o melhor remédio para a cadela seria trazer para casa outro gato resgatado, e encontraram um que, por coincidência, tinha o rabo cortado. Bobbi, a cadela, aceitou de imediato o novo felino.

"Para mim, os Bobbies demonstraram a profundidade dos sentimentos que os animais podem sentir uns pelos outros", diz Barbara.

Por sorte, essa profundidade emocional às vezes inclui os seres humanos. A operação de salvamento de animais de estimação que se seguiu ao Katrina foi uma das maiores já realizadas depois de um desastre natural. Voluntários compassivos e organizações de resgate trabalharam incansavelmente para ajudar a encontrar novos lares para milhares de animais.

> De acordo com a Humane Society of the United States, de 6 a 8 milhões de cachorros e gatos de rua vão anualmente para abrigos de animais. Aproximadamente metade deles são submetidos à eutanásia.

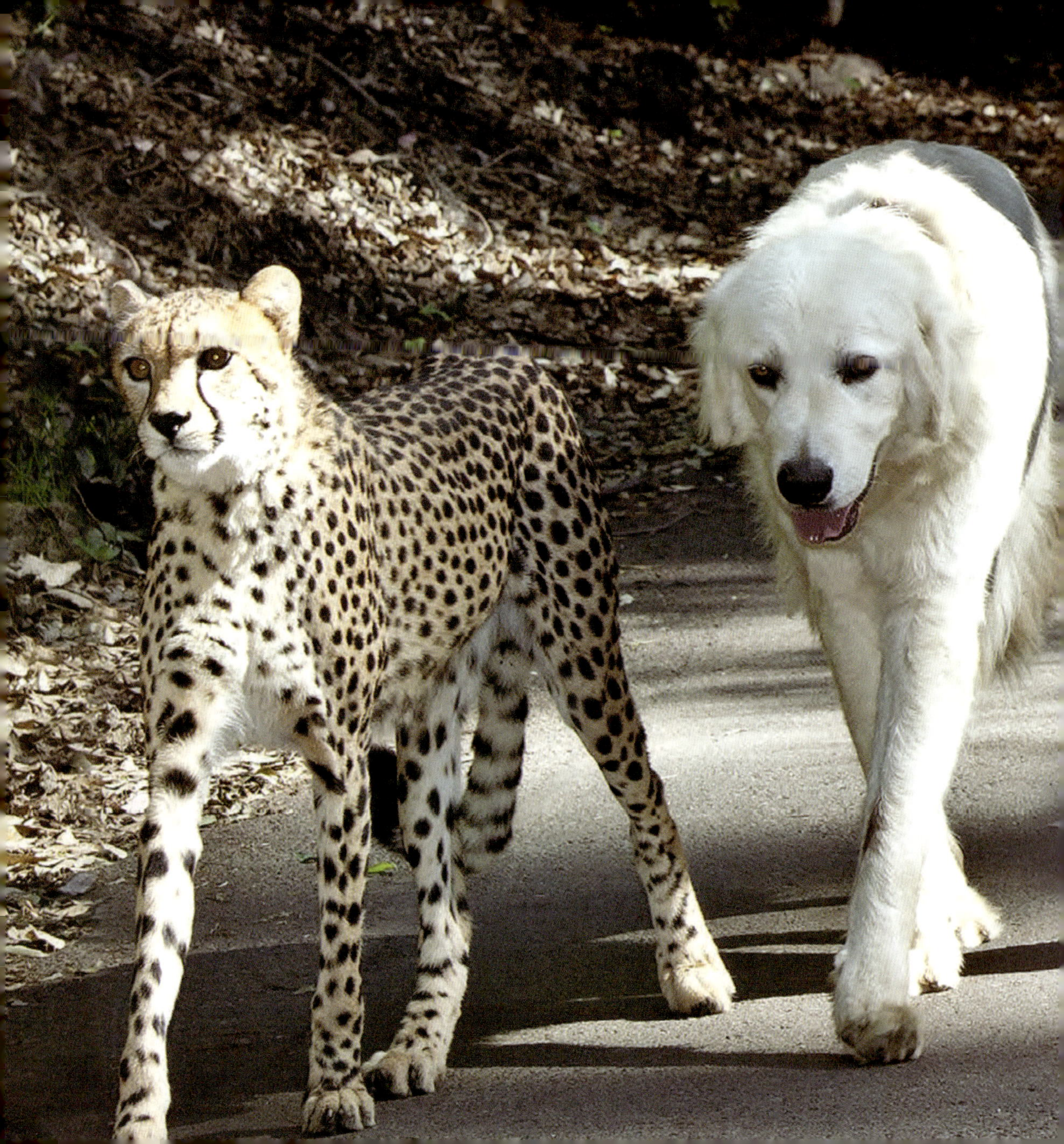

{Califórnia, EUA, 2009}

As chitas e os pastores da Anatólia

No país africano da Namíbia, onde agricultores e criadores ganham a vida com dificuldade em solos arenosos ressecados, a chita não é amiga do homem. Os animais de fazenda são uma grande e saborosa tentação para os gatos selvagens, especialmente nas épocas de seca, quando as presas naturais ficam escassas na savana. E quando as chitas vão atrás dos animais de fazenda, as pessoas com frequência atiram nelas, determinados a proteger os seus valiosos recursos.

O Cheetah Conservation Fund propôs uma inspirada alternativa: oferecer aos agricultores cães que seriam criados como guardiães dos rebanhos. Os pastores da Anatólia, que foram desenvolvidos pela primeira vez na Turquia central há milhares de anos, foram escolhidos para o trabalho. Os cães são grandes e leais, e sabem como afugentar um felino já assustadiço como a chita. (As chitas selvagens enfrentam inimigos terríveis na natureza; a sua capacidade e prontidão para correr a toda velocidade é a sua melhor defesa.) Impedir as chitas de atacar carneiros e bodes as protege das balas dos agricultores e criadores, e ajuda a tirar a mancha da sua reputação – duas boas estratégias para manter a espécie por aqui no futuro. O programa tem sido extremamente bem-sucedido.

Eis agora uma interessante reviravolta: os zoológicos americanos estão levando esses mesmos cães pastores para ser os melhores amigos das chitas e não para afugentá-las.

"Descobrimos um grande número de benefícios no emparelhamento de jovens chitas com cachorros domésticos", diz Kim Caldwell, gerente de treinamento de animais no San Diego Zoo's Safari Park. Antes de tudo, quando crescem juntos, o cão se torna um apoio psicológico para esse animal, que é por natureza cauteloso, afirma ela. A linguagem corporal é fundamental, e o cão – calmo, amoroso e adaptável – ajuda as chitas a relaxar e aceitar situações desconhecidas. Isso torna a vida menos estressante tanto para os animais quanto para os treinadores. "As chitas reagem a nós de uma maneira diferente de como reagem a outro animal quadrúpede peludo que abana o rabo", diz Kim. "O cachorro lambe as orelhas da chita, deixa que esta se lance sobre ele e o mordisque. É melhor dar aos felinos como brinquedo um cachorro que pesa sessenta quilos do que um de nós. Dessa maneira, eles podem realmente lutar e brincar juntos, o que é uma parte importante do aprendizado e da socialização."

O San Diego Zoo e o Safari Park também usaram vários filhotes de cachorro mestiços no seu programa de chi-

CHITA OU GUEPARDO
REINO: Animalia
FILO: Chordata
CLASSE: Mammalia
ORDEM: Carnivora
FAMÍLIA: Felidae
GÊNERO: Acinonyx
ESPÉCIE: Acinonyx jubatus

PASTOR DA ANATÓLIA
Uma raça protetora conhecida pela sua lealdade e independência. Os pastores da Anatólia se originaram na Turquia há mais de seis mil anos.

tas, mas os pastores são os mais adequados. "Alguns cachorros mestiços simplesmente não param quietos", diz Kim. Os filhotes de pastor são muito carinhosos. Embora sempre prontos para uma brincadeira violenta, eles também se deitam como um grande tapete e se asseiam ou se deixam assear – o que as chitas fazem grande parte do tempo. "Lembre-se", comenta Kim, "de que, enquanto a maioria dos cachorros poderia brincar 24 horas por dia, os felinos querem dormir durante 20 dessas 24 horas!"

Os animais ficam longe uns dos outros de vez em quando, e sempre comem separados. "Os cães cheiram e os gatos mastigam", diz Kim, de modo que poderia ocorrer alguma agressão na hora das refeições. Entretanto, depois que um emparelhamento feliz se forma entre os filhotes de cachorro e chita, "eles se tornam companheiros para a vida inteira".

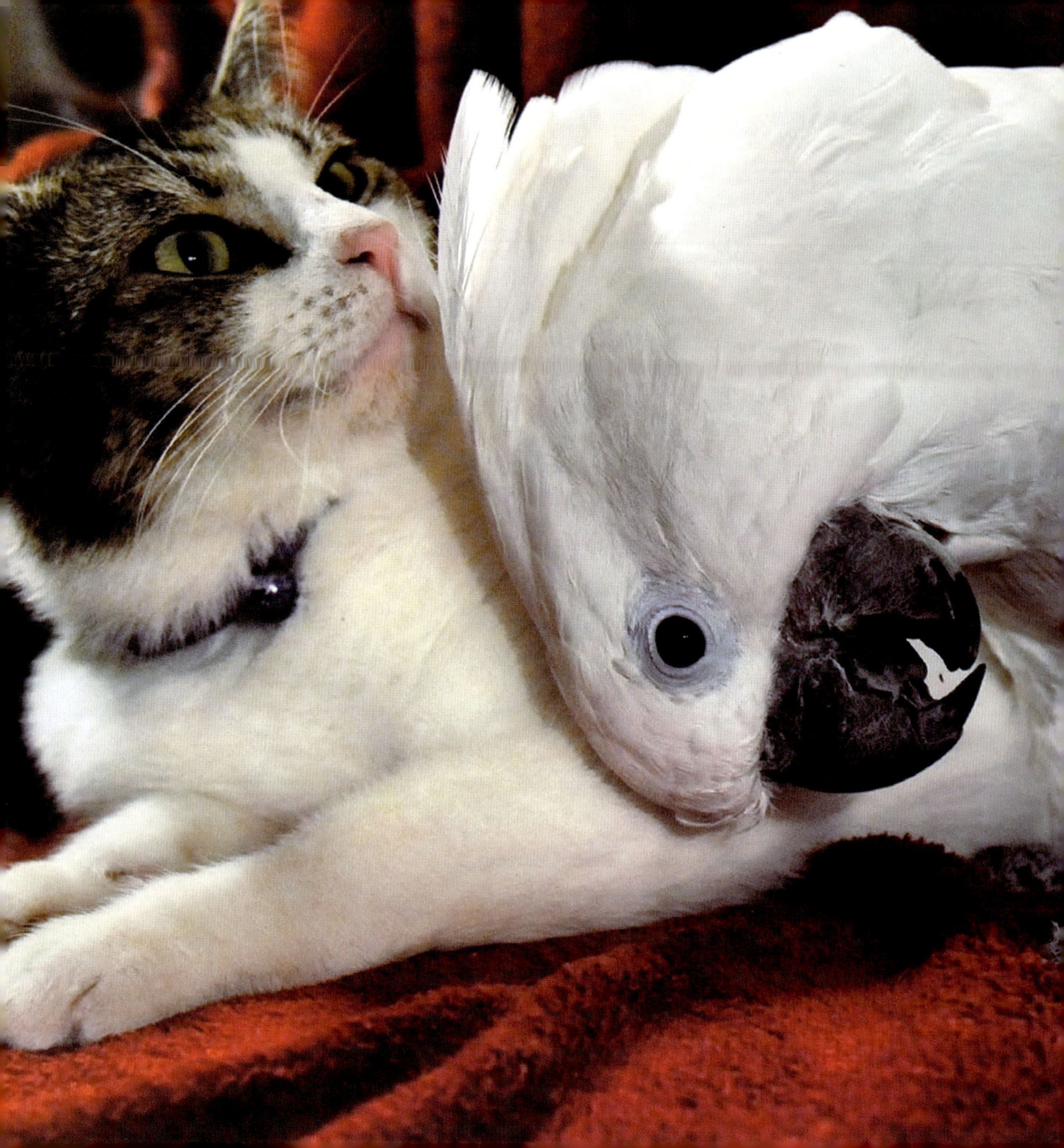

{Georgia, EUA, 2008}

A cacatua e a gata

COCE ATRÁS DA ORELHA DE UM GATO E VOCÊ TERÁ UM AMIGO PARA toda a vida. Mas, e se aquele que estiver coçando tiver penas, um bico e pés de pássaro? Isso não parece incomodar Lucky, uma jovem gata de rua que teve a sorte de ser resgatada por Libby Miller e Gay Fortson de Savannah, Georgia. Depois da adoção, Lucky passou a viver na mesma casa que Coco, uma impetuosa e extrovertida cacatua que se simpatizou com o felino com garras delicadas.

    Coco estava empoleirada certa manhã no pé da cama do dono, e Lucky, que ainda não estivera bem perto do pássaro, devia estar escondida embaixo da cama. Quando Libby entrou no quarto, "lá estavam elas, juntas na cama". Por um momento, ficou preocupada com a possibilidade de um ferir o outro, mas "Coco estava sendo muito delicada! Ela friccionava Lucky com um dos pés, e depois andava de um lado para o outro sobre a cabeça dela – e Lucky

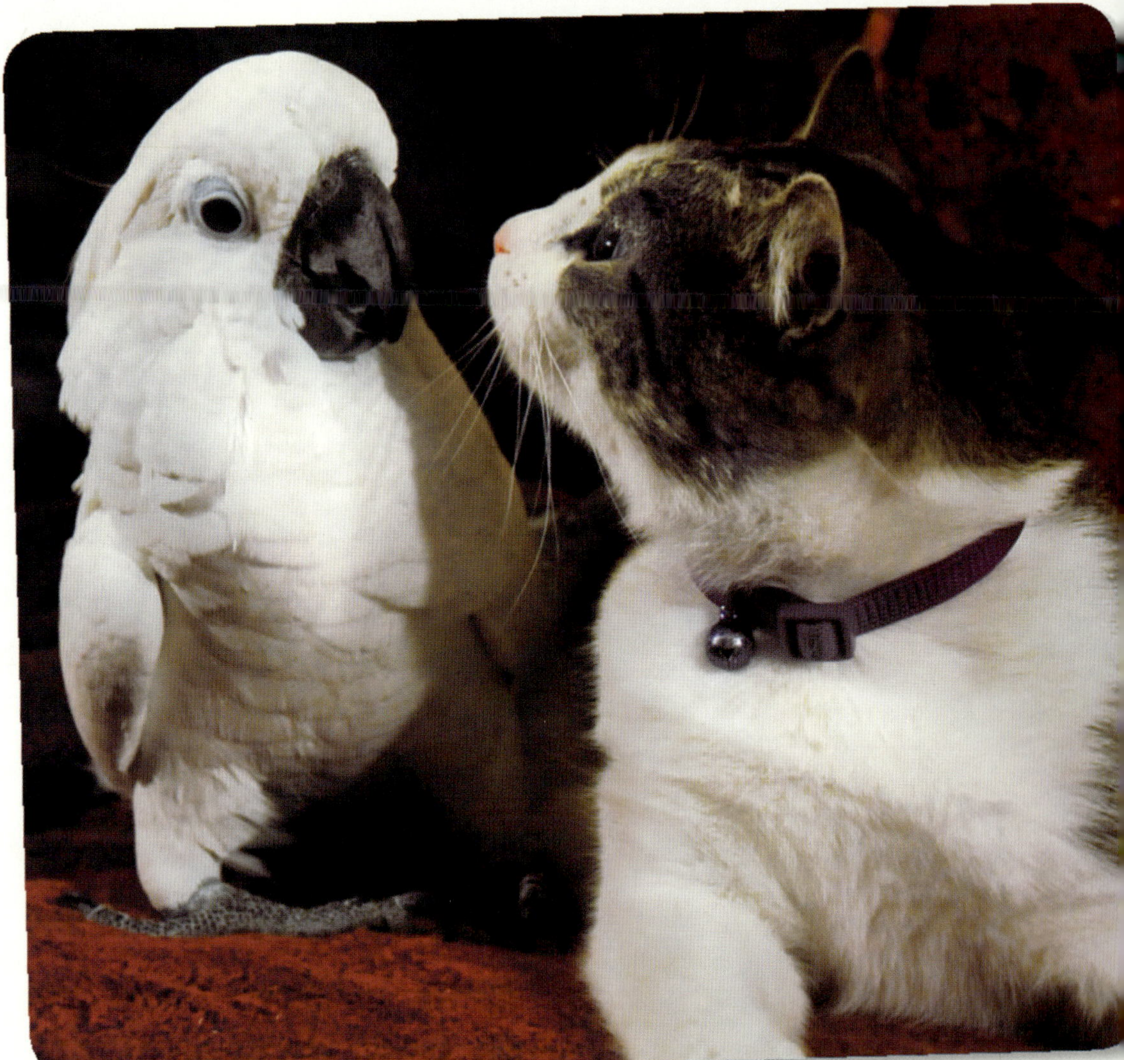

não parecia se importar nem um pouco com isso". Libby pegou a sua câmera e gravou a estranha interação. O vídeo acabou indo parar na Internet e depois disso se tornou viral. "Pessoas do mundo inteiro adoram ver como elas se dão bem", comenta.

Os dois animais continuam a conviver afetuosamente, apesar do potencial do pássaro de machucar a gata com o seu forte bico e as suas garras. Coco insere a língua, que parece um dedo, no ouvido da gatinha, ou então faz massagem e esfrega o bico nela, aparentemente fascinada pelo gosto do pelo macio e da sensação suave do corpo do felino. E Lucky, gostando da brincadeira, rola o corpo e oferece a barriga para incentivar a massagem.

No fim do dia, gato e pássaro se sentam juntos no colo de um dos donos, "apenas relaxando", ao lado dos quatro cachorros da casa. A noite não fica perfeita enquanto os animais não ficam à vontade para se relacionar uns com os outros, declaram as duas mulheres. "Nós simplesmente adoramos ver que os nossos bichos gostam de ficar juntos."

CACATUA BRANCA
REINO: Animalia
FILO: Chordata
CLASSE: Aves
ORDEM: Psittaciformes
FAMÍLIA: Cacatuidae
GÊNERO: *Cacatua*
ESPÉCIE: *Cacatua alba*

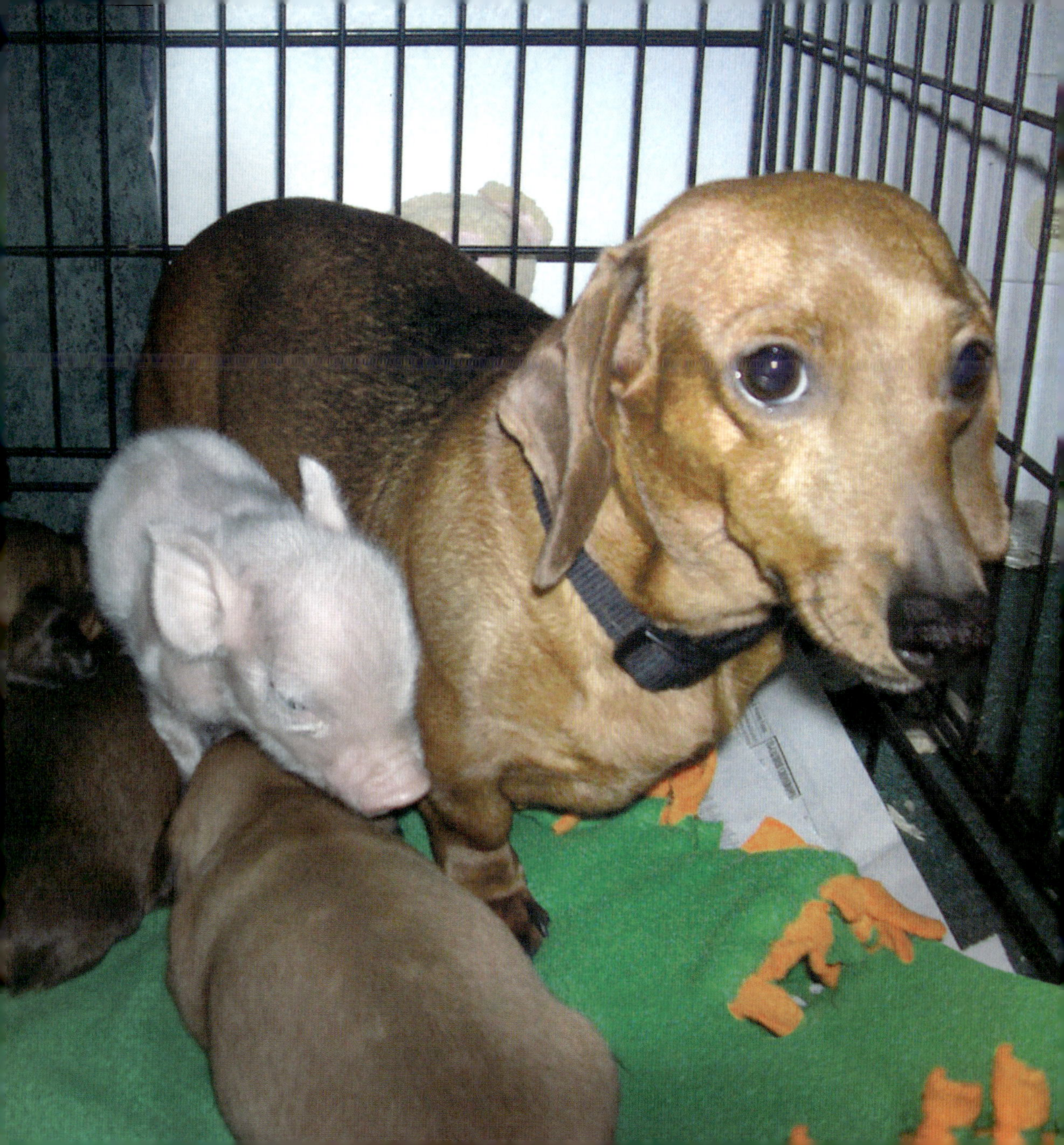

{West Virginia, EUA, 2008}

O bassê e o porquinho

EM UMA NOITE GÉLIDA, EM UMA CAMA DE PALHA DE UM CELEIRO EM West Virginia, nasceu um porquinho muito sortudo.

Pink era pequeno segundo todos os padrões. Quando ele nasceu, nem Johanna Kerby, que ajudou o filho a fazer o parto da ninhada naquela noite, nem o seu marido e a sua filha, que estavam observando, acharam que o minúsculo porquinho fosse sobreviver fora do útero da mãe. Por sorte, um benfeitor improvável deu a Pink a chance de viver.

Pink foi o último a emergir de uma ninhada de onze, e imediatamente ficou claro que ele não era como os irmãos e irmãs. Os porcos normalmente nascem de olhos abertos, e um minuto depois eles já estão andando e mamando. Eles também pesam entre 1,300 e 1,800 quilo. Pink pesava menos de meio quilo e os seus olhos estavam fechados para o mundo. Ele era frágil, praticamente não tinha pelo e o seu guincho era muito fraco. "Apenas ficava deitado na caixa emitindo um som muito baixo", relembra Johanna. "Ele nem mesmo tentou andar. Estava fraco demais." Quando ela colocou o filhote na teta da mãe para mamar, ele não mamou. E logo os seus irmãos mais fortes começaram a empurrar Pink, tentando afastá-lo e se livrar do concorrente mais fraco.

Johanna teve uma ideia. A cadela da família, uma pequena bassê dachshund chamada Tink, era carinhosa com as pessoas e maternal com outros animais. E ela também gostava particularmente dos porcos.

Na primeira vez em que Tink foi apresentada a porquinhos, anos antes, no celeiro de porcos, "ela os reuniu todos em um canto e começou a lambê-los", relembra Johanna. "Eles pesavam 11 quilos, eram muito maiores do que ela, mas Tink não se importou. Ficou extremamente feliz e sacudiu o rabo – exibindo um grande sorriso na cara." Em outra ocasião, ela quase se afogou na lama densa e espessa do cercado dos porcos quando se aventurou a entrar apenas para se aproximar dos animais.

Tink havia dado à luz dois filhotes pouco tempo antes, mas um deles nasceu morto e ela estava claramente desolada por causa da perda. Johanna decidiu reunir Tink e Pink para ver se a cadela adotaria o porquinho. O mesmo truque havia dado certo pouco tempo antes com os filhotes de outra cadela; Tink os incluíra feliz na sua prole.

A adoção do porquinho transcorreu com igual tranquilidade. Assim que Pink foi colocado no engradado da cadela, "Tink enlouqueceu. Ela o lambeu da cabeça aos pés e até mesmo mastigou o resto do seu cordão umbili-

PORCO DOMÉSTICO
REINO: Animalia
FILO: Chordata
CLASSE: Mammalia
ORDEM: Artiodactyla
FAMÍLIA: Suidae
GÊNERO: Sus
ESPÉCIE: S. domestica

BASSÊ DACHSHUND
Desenvolvido inicialmente na Alemanha no século XVII, o corpo compacto e baixo do bassê dachshund, aliado ao seu olfato apurado, o tornaram perfeitamente adequado para caçar texugos escondidos em tocas subterrâneas.

cal", diz Johanna. Depois o aconchegou debaixo do queixo para mantê-lo aquecido. E quando os outros filhotes ficaram prontos para mamar, ela usou o focinho para incentivar Pink a se unir a eles na sua barriga.

Para alívio da família Kerby, Pink agarrou a teta de Tink e começou a mamar. "Tink o tratava como um rei; na realidade, acho que ele era o seu predileto", comenta Johanna. Com esses cuidados especiais, Pink logo alcançou o tamanho e o peso dos irmãos, embora nunca tenha se interessado por se reunir aos porcos. A sua família era agora estritamente canina, e ele brincava e lutava com os cãezinhos como se não houvesse nada errado.

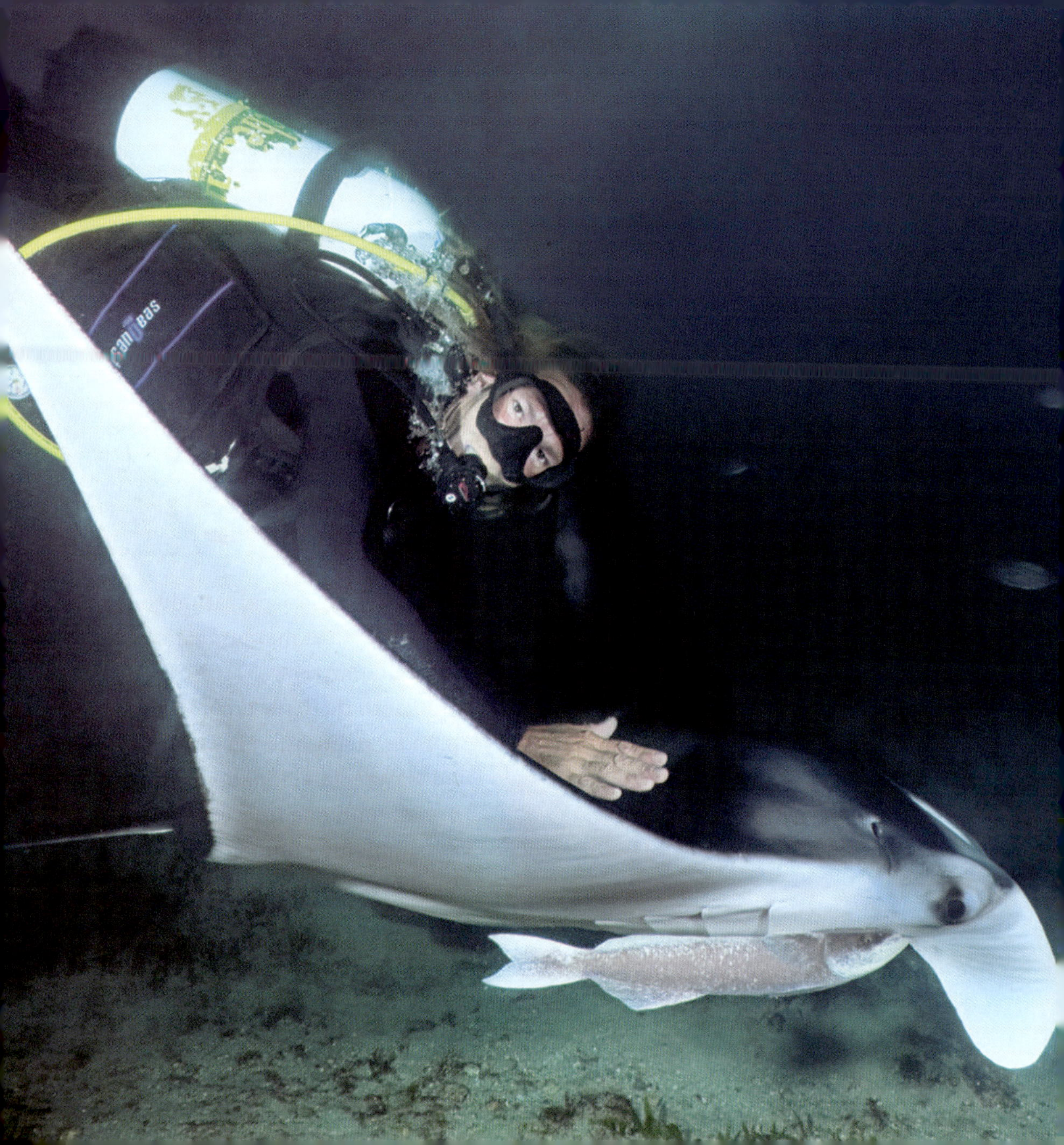

{Flórida, EUA, 2009}

O mergulhador e a arraia-jamanta

SEAN PAYNE TEM MILHARES DE HORAS DE MERGULHO AUTÔNOMO NO MAR, quando teve um sem-número de felizes encontros "olho no olho" com animais, de minúsculos camarões a colossais tubarões-baleia. Mas quando esse capitão de barco com dreads no cabelo fala a respeito de um encontro particular com uma arraia-jamanta, temos a impressão de que ele está descrevendo o seu primeiro amor.

Ele não estava procurando arraias. Sean estava ajudando fotógrafos submarinos em um projeto sobre o mero, um peixe que chega a pesar às vezes 400 quilos e que compartilha o ambiente da arraia na costa da Flórida. Ele estava mergulhando no local de um naufrágio a trinta metros de profundidade, onde os grandes peixes se reúnem, sacudindo um chocalho usado para chamar a atenção dos outros mergulhadores. "De repente, vi uma pequena arraia preta vindo na minha direção", relembra. (É claro que o tamanho é relativo. As arraias-jamantas adultas, as maiores arraias, podem crescer até sete metros de largura e pesar quase 1.400 quilos. As arraias costumam ficar interessadas nos mergulhadores, mas em geral passam por eles a uma grande velocidade e aterrissam fora de alcance no fundo arenoso. Essa arraia específica, adolescente, aparentemente desejava uma massagem feita por mãos humanas.

"Ela deslizou exatamente para debaixo de mim – eu tive na verdade que refreá-la para impedir que ela me empurrasse para cima", diz Sean. "A sua pele parecia um tecido de veludo estendido sobre costelas e músculos, uma textura incrível." A arraia literalmente dançou com o mergulhador, conduzindo-o em um bizarro tango circular que empurrou o seu corpo para as mãos dele. Enquanto ele deslizava as mãos pela pele da arraia, as pontas das asas dela vibravam como a perna de um cachorro durante uma coçada na barriga particularmente agradável. "A essa altura, eu estava tão envolvido com o encontro que não conseguia me afastar", comenta Sean. "No caso das arraias, normalmente temos que persegui-las para observá-las mais de perto. Aqui estava uma que se aproximou de mim espontaneamente; ela se concentrou em mim e desejava ser tocada. Foi como se eu estivesse acariciando o meu pastor alemão e olhando nos olhos dele; senti uma verdadeira ligação entre nós. Foi realmente incrível."

Depois de alguns minutos de intimidade entre homem e peixe, Sean recebeu o sinal para voltar ao trabalho, e se afastou, relutante. A jovem arraia –

SER HUMANO
REINO: Animalia
FILO: Chordata
CLASSE: Mammalia
ORDEM: Primates
FAMÍLIA: Hominidae
GÊNERO: Homo
ESPÉCIE: Homo sapiens

ARRAIA-JAMANTA
REINO: Animalia
FILO: Chordata
CLASSE: Chondrichtyes
ORDEM: Myliobatiformes
FAMÍLIA: Mobulidae
GÊNERO: Manta
ESPÉCIE: Manta birostris

mostrando-se reservada com os outros mergulhadores – permaneceu por perto. E quando Sean se encaminhou para a superfície (ao contrário da sua amiga arraia, ele precisa de ar), ela pairou bem embaixo dele como se para garantir que ele iria subir em segurança.

"Eu deveria estar segurando lâmpadas subaquáticas sobre os meros enquanto eles desovavam, e perdi tudo por causa da arraia", explica Sean. "Mas aquela experiência realmente valeu a pena." Ele chamou a jovem arraia de Marina por causa da filha, "a minha outra menininha".

A atitude amorosa de Sean com relação à arraia talvez tivesse surpreendido um frequentador do mar do passado. Antigamente, as arraias-jamantas, com as suas barbatanas pontudas, eram às vezes associadas ao demônio, e os marujos contavam histórias dos animais saltando da água e derrubando barcos. Embora elas sejam, na verdade, criaturas pacíficas, não é difícil compreender como surgiram essas lendas. Com ímpeto e graciosidade, as arraias-jamantas de vez em quando irrompem na superfície e entram em contato com o ar, antes de mergulhar, gloriosas, no mar. Hoje em dia, consideramos isso belo – até mesmo divertido. No entanto, há quinhentos anos, se você estivesse no convés de um decrépito galeão de madeira, fazer amizade com uma dessas criaturas aladas e "cornudas" seria a última coisa que passaria pela sua cabeça.

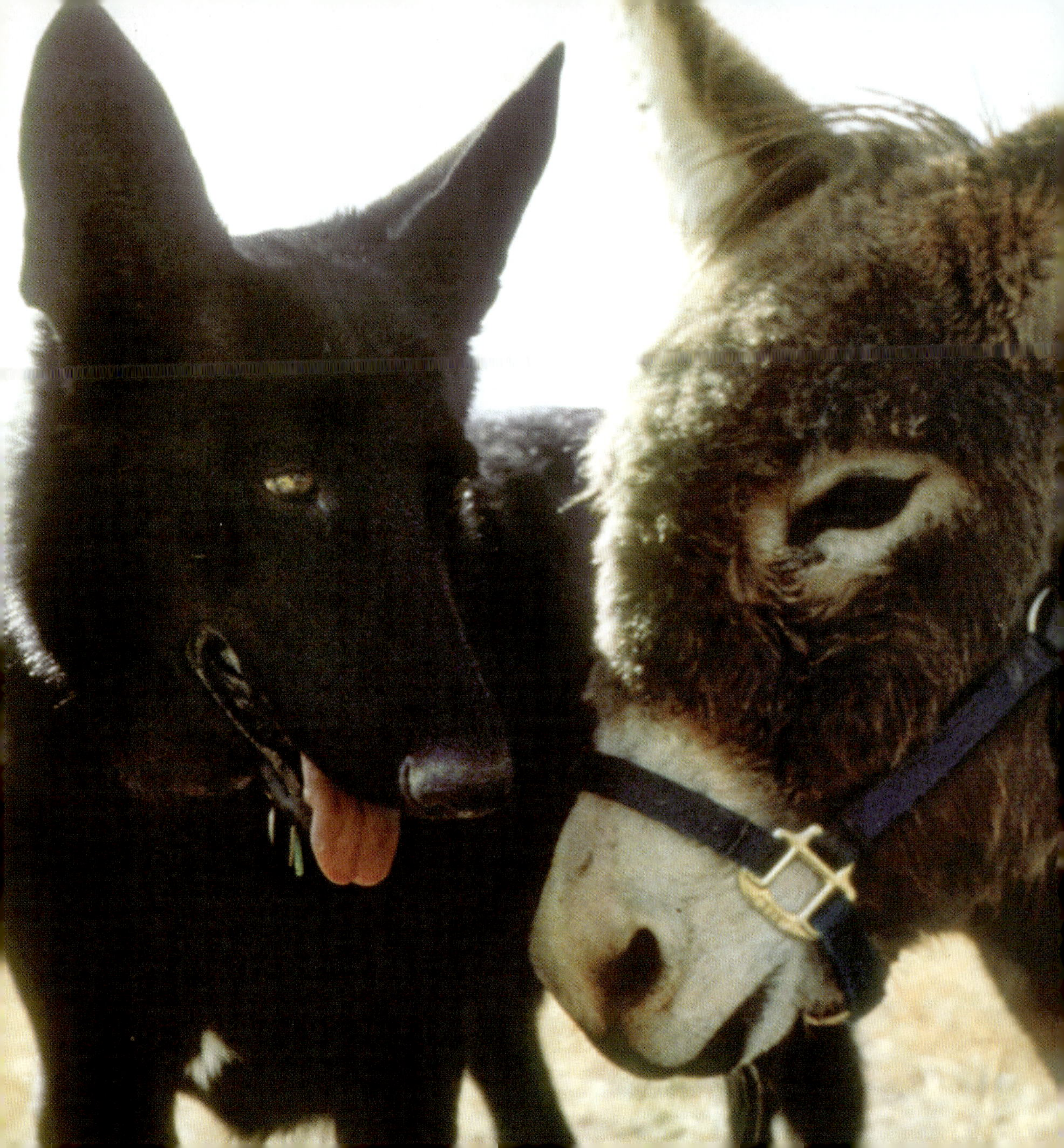

{Wyoming, EUA, 1993}

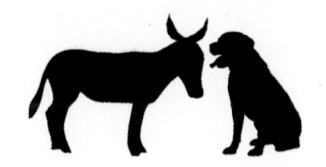

O jumento e a vira-lata

ALGUMAS AMIZADES COMEÇAM UM POUCO DESEQUILIBRADAS, MAS LOGO encontram um equilíbrio. Foi o que aconteceu com Safi, a vira-lata, e o seu companheiro Wister, um jovem jumento com a reputação de afugentar os cachorros, e não de atraí-los para brincar.

Quando os dois se conheceram, em um rancho remoto no Wyoming, Wister estava pastando no prado e Safi passeando com a dona, Barbara Smuts. Safi se aproximou da criatura desconhecida para investigar. Quando Wister percebeu a presença da cadela, correu agressivamente na direção dela e depois se virou e deu um coice. Safi conseguiu se desviar ilesa e, em seguida, sentou-se, mostrando que queria brincar. Mas o mau gênio de Wister explodiu de novo, e ele voltou a escoicear. Foi preciso que ele desse três coices no ar para que Safi captasse a mensagem e se afastasse.

> **JUMENTO**
> REINO: Animalia
> FILO: Chordata
> CLASSE: Mammalia
> ORDEM: Perissodactyla
> FAMÍLIA: Equidae
> GÊNERO: Equus
> ESPÉCIE: Equus asinus

No entanto, Barbara, uma bióloga especializada no estudo do comportamento animal, ficou intrigada com a fascinação do seu cachorro por essa espécie muito diferente. Assim, um dia, quando Wister estava em segurança dentro do curral, ela deixou que Safi novamente tentasse fazer amizade com ele.

Dessa vez, Safi correu de lá para cá ao longo da cerca, e Wister acompanhou-a. Os dois correram de um lado para o outro, em caminhos paralelos; a cadela de vez em quando latia ou rosnava como parte da sua turbulenta brincadeira, e o jumento ocasionalmente emitia um relincho assustador como resposta. Logo Safi começou a transpor fronteiras e a testar limites, mergulhando debaixo da cerca e correndo célere pelo curral, e saindo em disparada pelo outro lado quando as atenções do jumento ficavam intensas demais para ela.

Então, um dia, depois de uma nevada, Safi ficou mais confiante e começou a passar mais tempo dentro do cercado de Wister. "Ela descobriu que era capaz de se mover muito melhor na neve do que o jumento", relembra Barbara.

Finalmente, a dupla pôde brincar livremente do lado de fora do curral, correndo como loucos, mordiscando o calcanhar e o pescoço um do outro, e fazendo contato bucal. Eles começaram a beber na mesma tina e a cochilar juntos. Quando Barbara e Safi saíam para caminhar, Wister as acompanhava. E todos os dias, quando Wister era colocado no pasto, ele ia buscar a amiga. "Às cinco e meia da manhã, ele zurrava do lado de fora da porta do quarto onde Safi e eu dormíamos",

> **VIRA-LATAS**
> De acordo com muitos veterinários, os cachorros mestiços (ou vira-latas) geralmente vivem mais e são mais saudáveis do que os de raça pura.

relembra Barbara. "Era como se ele fosse um despertador. Eu abria a porta para Safi ir brincar e voltava direto para a cama."

Passados quatro meses, a licença sabática de Barbara terminou e ela teve que deixar Wyoming, o que significou que Safi precisou se despedir do amigo. "Retomamos a nossa vida habitual, e Safi rapidamente se adaptou e voltou a brincar com os amigos caninos", comenta Barbara. Wister, no entanto, sem ter outra companhia para brincar, sofreu enormemente com a perda. Parou de comer, perdeu peso e ficava no curral cabisbaixo, desinteressado de tudo ao seu redor. "Essa atitude dele demonstrou como o relacionamento entre o jumento e a cadela foi intensamente emocional", explica Barbara.

Preocupados com a felicidade e a saúde de Wister, os seus donos finalmente providenciaram uma jumenta para lhe fazer companhia. Essa é uma maneira bastante eficaz de chamar a atenção de um macho mamífero adolescente, diz Barbara. "Como era de se esperar, ela o animou de imediato!"

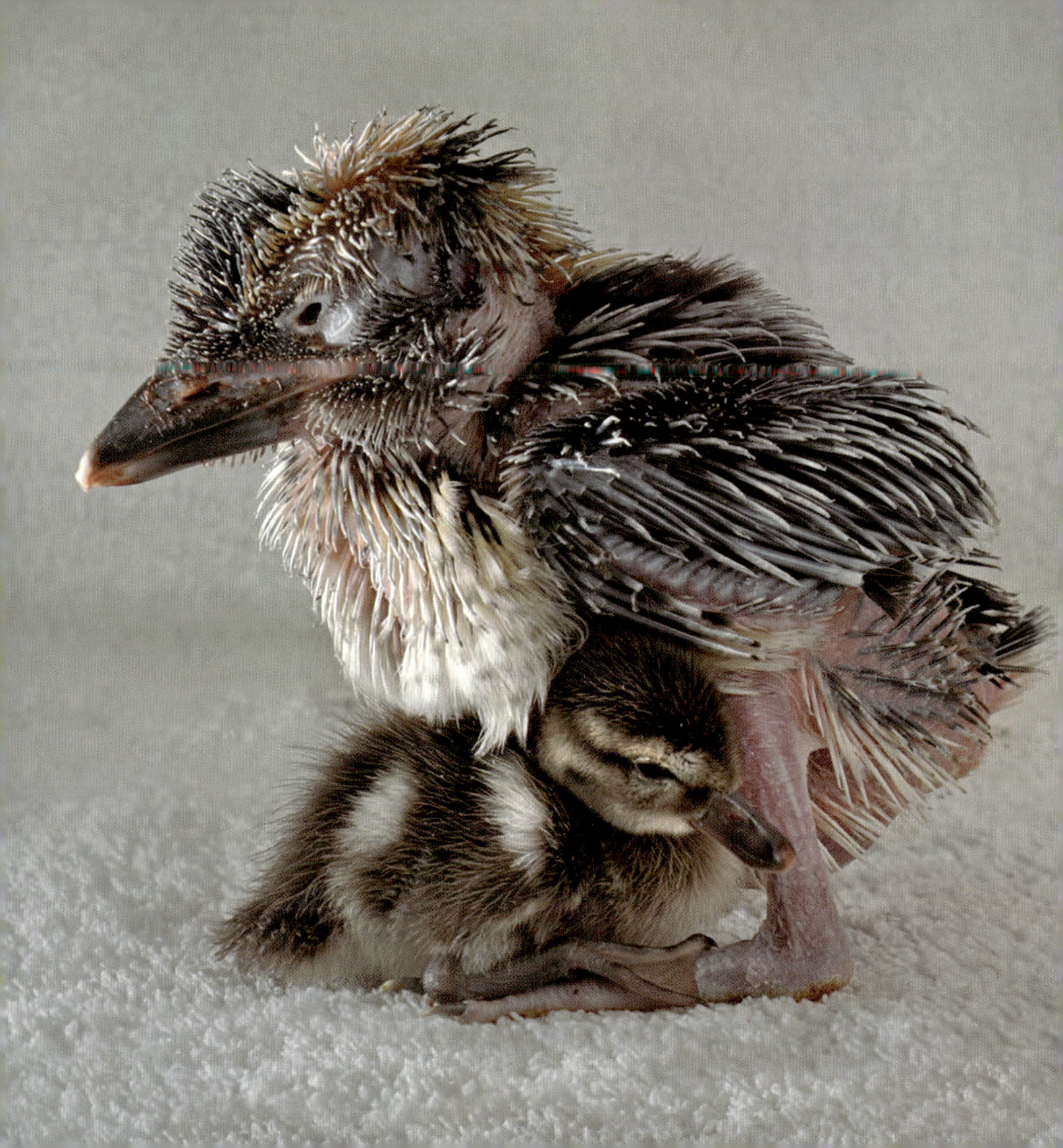

{Inglaterra, 2010}

O patinho e o martim-pescador-australiano

O ANIMAL COBERTO DE PENAS QUE ANDA E FALA COMO PATO É UM PATO. Mas o outro é um animal completamente diferente.

Um martim-pescador-australiano – o maior dos martins-pescadores, nativo da Austrália e da Nova-Guiné – vivia sozinho no Seaview Wildlife Encounter, situado na Ilha de Wight na Inglaterra. "O nosso casal reprodutor de martins-pescadores-australianos tem um histórico de matar os filhotes", explica a diretora do parque, Lorraine Adams. Embora eles tenham criado três filhotes saudáveis no ano passado, "este ano a fêmea pôs três ovos e matou duas crias recém-chocadas, de modo que afastamos este último para salvá-lo." O sobrevivente foi logo batizado de Kookie.

Nesse ínterim, a equipe resgatou um minúsculo patinho de Madagascar, incapaz de se defender de outros pássaros maiores, de um dos aviários do parque. Lorraine então pensou: em vez de manter o patinho em um engrada-

> **MARTIM-PESCADOR-
> -AUSTRALIANO**
> REINO: Animalia
> FILO: Chordata
> CLASSE: Aves
> ORDEM: Coraciiformes
> FAMÍLIA: Halcyonidae
> GÊNERO: Dacelo
> ESPÉCIE: Dacelo novaeguineae

do e o martim-pescador em outro, por que não colocá-los juntos para que façam companhia um ao outro? Se fosse adulto, o martim-pescador não hesitaria em comer o patinho, mas quando jovem o pássaro comedor de carne é bastante inofensivo.

Naquela ocasião, Kookie passava os dias sem fazer muita coisa. "Basicamente, ele ficava sentado na incubadora esperando para ser alimentado", diz Lorraine. "Quando introduzi o patinho pela primeira vez na incubadora, Kookie simplesmente continuou sentado. O recém-chegado imediatamente se aconchegou a ele, tentando se acomodar debaixo da asa de Kookie para se aquecer, como faria se a sua mãe estivesse ali." Embora não tenha sido incrivelmente receptivo, Kookie não se mostrou agressivo, de modo que Lorraine achou que a experiência estava indo bem.

Ainda assim, ela achou melhor separar os animais durante a noite. Mas quando Lorraine afastou o patinho e o colocou em uma incubadora separada, "ele ficou pulando na porta, querendo voltar para o lado de Kookie", diz ela. Pela manhã, quando os dois foram reunidos, o patinho foi imediatamente se aconchegar ao pássaro maior.

Desde então, nasceram mais dois patinhos da mesma mãe, o que fez com que Kookie tivesse que lidar com uma trinca. "É uma visão bastante incomum e impressionante ver os patos desaparecerem debaixo dele", afirma Lorraine. Eles não dividem a comida: os patinhos comem uma mistura de migalhas e ovo, enquanto Kookie se regala com pintinhos mortos, carunchos e carne moída. Mas,

> **MARREQUINHO-DE-
> -MADAGASCAR**
> REINO: Animalia
> FILO: Chordata
> CLASSE: Aves
> ORDEM: Anseriformes
> FAMÍLIA: Anatidae
> GÊNERO: Anas
> ESPÉCIE: Anas bernieri

quando não estão ocupados forrageando, os patos "não deixam Kookie em paz, subindo nas suas costas, sentando nele ou empurrando o bico nas suas penas e forçando o caminho para se colocar debaixo das suas asas." Kookie fica quieto no lugar como uma boa babá, aceitando tudo com muita calma.

Os martins-pescadores-australianos são conhecidos pelo seu grito: os pássaros jogam a cabeça para trás e emitem um cacarejo estridente que poderia facilmente ser tomado por um riso humano histérico. "Quando os pássaros adultos começam a rir, podem ser ouvidos no parque inteiro", comenta Lorraine. Mas quando jovens, eles têm pouco a dizer. Até agora, Kookie, apesar do circo de atividade no seu cercado, só emite um gorgolejo vindo do fundo da garganta, diz ela. Talvez em breve ele vá soltar a sua primeira gargalhada, surpreendendo os patinhos seus amigos e fazendo com que fiquem com as penas em pé.

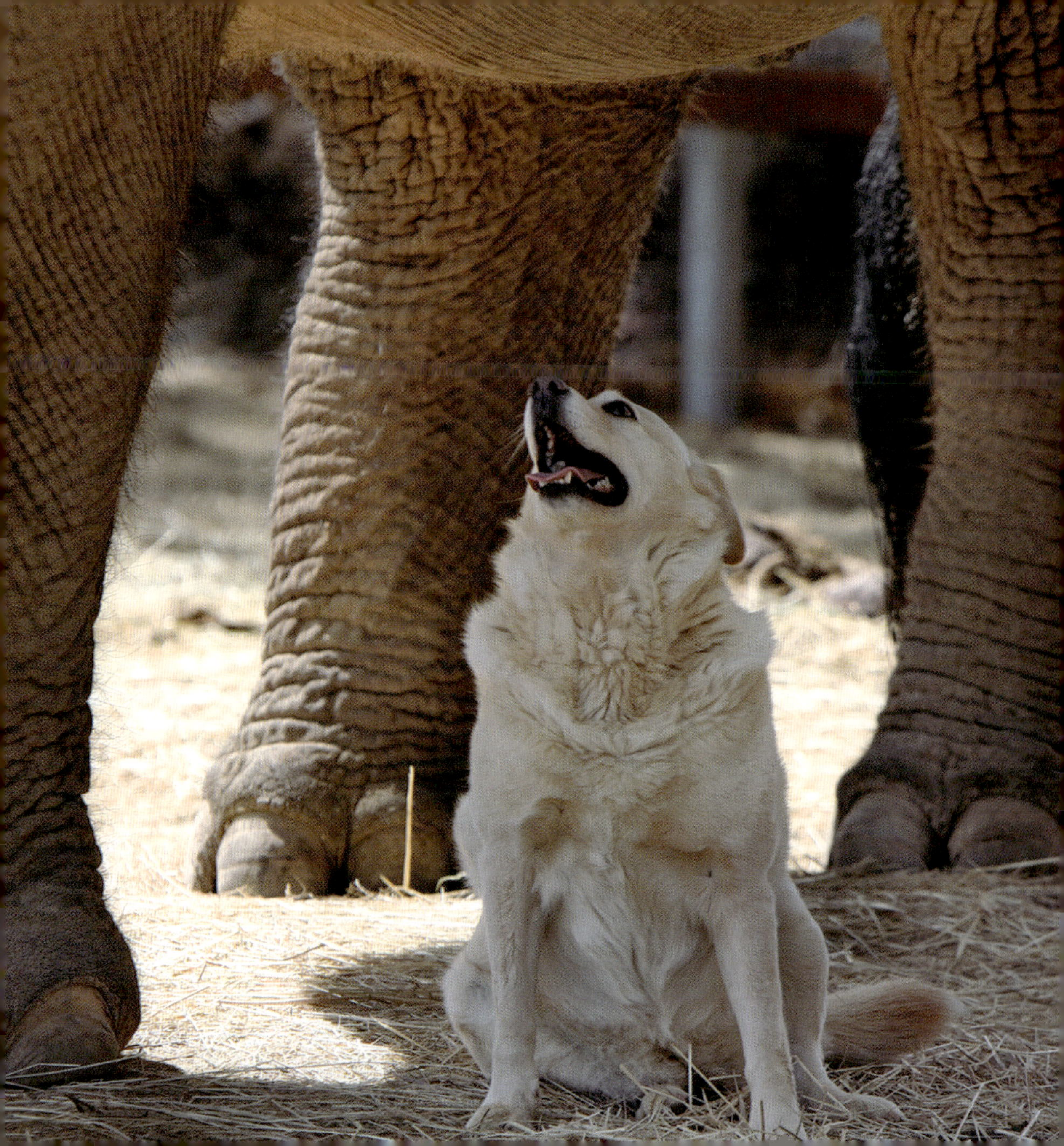

{Tennessee, EUA, 2009}

O elefante e o cachorro de rua

No Elephant Sanctuary em Hohenwald, Tennessee, elefantes trazidos de diferentes partes do mundo tendem a encontrar um amigo entre as massas – o que é compreensível no caso de animais sociais acostumados a viver em bando. Os cachorros de rua, comuns na propriedade do santuário, normalmente não dão atenção aos elefantes, permanecendo sozinhos ou formando duplas com outros da própria espécie. Mas, então, uma elefanta chamada Tarra e um cachorro chamado Bella (macho, apesar do nome) chegaram para romper o padrão.

    Passando por cima das tradições sociais, esses dois mamíferos inteligentes encontraram um ao outro, e depois raramente se separavam. A delicada giganta e o rechonchudo vira-lata comiam, bebiam e dormiam juntos. As pernas de Tarra que pareciam árvores elevavam-se sobranceiras sobre a ca-

ELEFANTE ASIÁTICO
REINO: Animalia
FILO: Chordata
CLASSE: Mammalia
ORDEM: Proboscidae
FAMÍLIA: Elephantidae
GÊNERO: Elephas
ESPÉCIE: *Elephas maximus*

beça do seu amigo canino, mas os dois ficavam felizes desde que estivessem lado a lado.

Mas Bella, o cachorro, ficou doente, e a equipe do santuário o levou para dentro para cuidar dele. Tarra pareceu angustiada e permaneceu perto da casa onde Bella estava como se estivesse fazendo vigília por ele. Tarra aguardou muitos dias, enquanto Bella se recuperava. Finalmente, os dois se reuniram. Tarra acariciou Bella com a tromba e barriu, batendo as patas com força no chão. Bella, comportando-se como cachorro, sacudiu animadamente todo o corpo, abanando com a língua de fora e o rabo sem parar enquanto rolava no chão.

Além disso, em um momento memorável, Tarra levantou a imensa pata no ar e cuidadosamente acariciou a barriga do amigo.

A renomada bióloga Joyce Poole, cujo registro de horas passadas na observação de elefantes talvez seja o maior do mundo, lembrava-se de ter conhecido a dupla em uma das suas visitas às instalações do santuário. "Tive a sorte de poder me aproximar e ter um contato pessoal com eles, de ver Tarra tanto com Bella quanto com outro cão com quem ela fez amizade. Ela estava sempre tentando embalar os cachorros com a tromba. Era uma visão encantadora." Poole, no entanto, não considera essa amizade tão surpreendente. "Sabemos, a partir do nosso trabalho com elefantes e do nosso relacionamento com cachorros, que os dois animais são muito emocionais e formam vínculos estreitos", afirma. Na natureza selvagem, os elefantes são leais a grupos coesos

THE ELEPHANT SANCTUARY
Localizado em Hohenwald, no Tennessee, o Elephant Sanctuary é o maior refúgio de hábitat nos Estados Unidos projetado especificamente para elefantes asiáticos e africanos idosos ou enfermos.

sob a influência de uma matriarca. Eles não apenas adotam os filhotes uns dos outros, como até mesmo lamentam os seus mortos. Uma elefanta como Tarra, comenta Poole, que cresceu com uma mistura de modelos de vida e foi exposta a outras espécies, "simplesmente transferiu esse apego para outro tipo de animal".

Assim como Horton, o notoriamente dedicado elefante dos desenhos do Dr. Seuss, que chocou o ovo de uma mãe pássaro inconsequente, parece que Tarra era "um amigo fiel"!

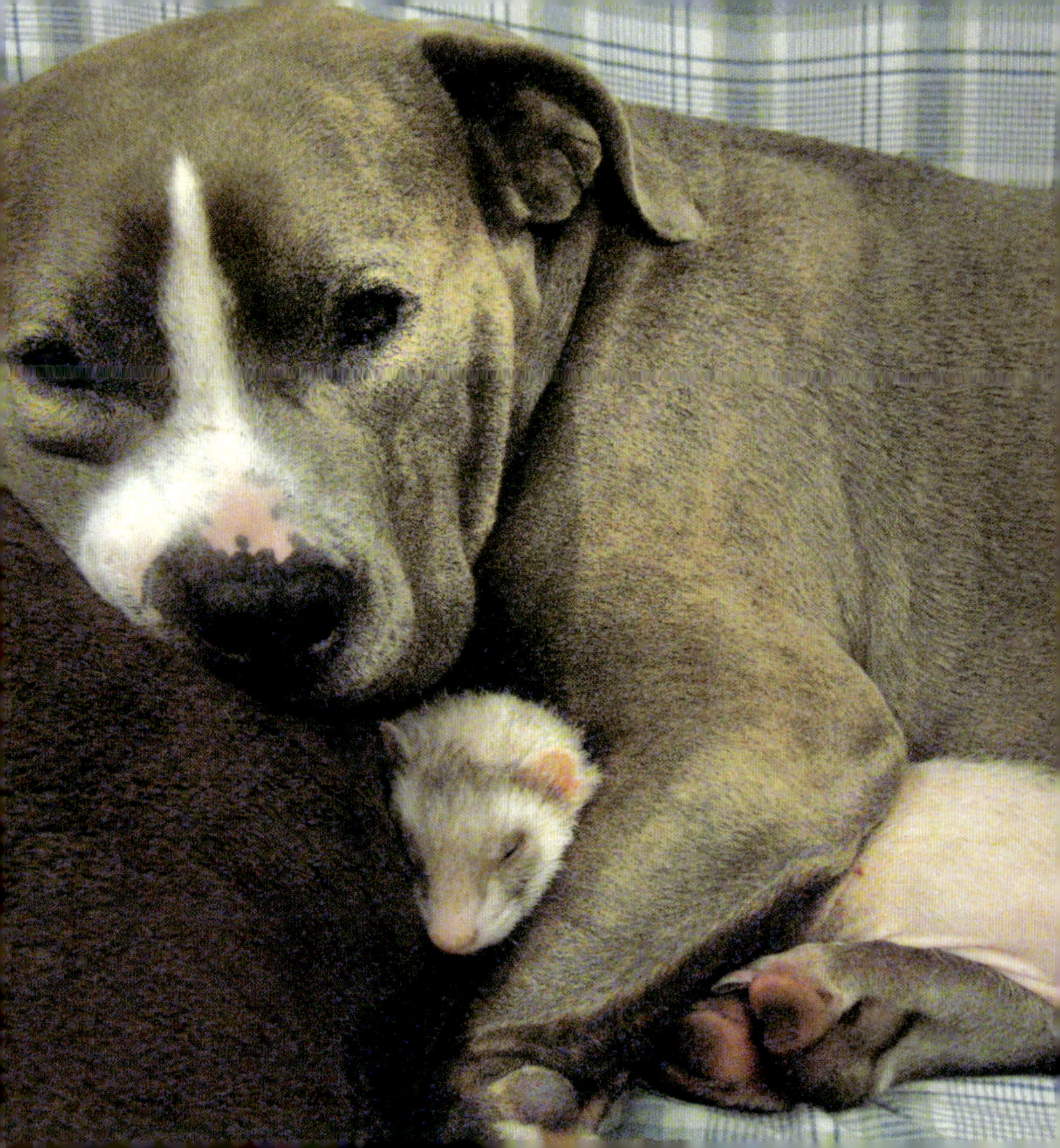

{Illinois, EUA, 2010}

Os furões e os cachorrões

Laurie Maxwell é uma verdadeira amante de cachorros. E ela não tem medo de cuidar de alguns dos grandes. Há relativamente pouco tempo, dois vigorosos *pit-bulls* e um rolo de músculos disfarçado de buldogue compartilhavam a sua casa. Mas por ser do tipo "quanto mais confusão melhor", pelo menos quando se tratava de animais, Laurie se perguntou: por que não trazer o casal de furões do namorado para se juntar à família? Os roedores fizeram um pandemônio dentro de casa. Por sorte, a energia deles era positiva: os furões Moose e Pita logo se tornaram também amantes de cães.

"Eles eram realmente agitados; corriam sem parar em volta da sala", diz Laurie. E embora os dois *pit-bulls* fossem relativamente calmos, o velho buldogue inglês, Brando, "também era bruto e turbulento. Moose lutava com o enorme cão, mordendo-lhe a mandíbula e o focinho", comenta. "Em resposta, Moose roubava os brinquedos de Brando, às vezes até da boca do cachor-

> **FURÃO**
> REINO: Animalia
> FILO: Chordata
> CLASSE: Mammalia
> ORDEM: Carnivora
> FAMÍLIA: Mustelidae
> GÊNERO: *Mustela*
> ESPÉCIE: *Mustela putorius furo*

ro, e os escondia debaixo da cama. Aquele furão era uma criaturinha corajosa." Os dois brincavam de cabo de guerra com os brinquedos de Brando, e este último efetivamente levantava Moose do chão e o sacudia com força, enquanto o furão continuava a segurar o brinquedo com a mandíbula. "Ele adorava a brincadeira, e voltava imediatamente querendo mais", diz Laurie, referindo-se ao Moose voador, que desenvolveu o músculo do pescoço por segurar o brinquedo com tanta força.

Com todo esse caos, Winston, um dos *pit-bulls*, ficou inicialmente com um medo enorme dos furões. "Se ele estivesse na cama e eles se arrastassem para cima dele, ele caía da cama tentando se afastar deles", relembra Laurie. Mas por meio de um reforço positivo, Winston superou o medo e acabou se tornando o travesseiro predileto dos furões. E Nala, o *pit-bull* número dois, fêmea, costumava seguir os dois animaizinhos tentando lambê-los, como um treinador que enxuga os seus atletas entre os *rounds* de luta livre.

Quando Moose adoeceu e ficou com as pernas traseiras paralisadas, Jonathan, o namorado de Laurie, construiu para ele uma minúscula cadeira de rodas com um protetor de canela, um pedaço de madeira e as rodas de uma roldana de varal. Logo o furão estava novamente correndo pela casa e também "off road", no gramado do lado de fora com Pita, os dois perseguindo e sendo perseguidos por um trio de cachorros que tinham dez vezes o seu tamanho.

Entretanto, alguns meses depois, foi a saúde de Pita que começou a fraquejar, e ela ficou só pele e osso, conta Laurie. Quando Pita começou a ter convulsões, Laurie decidiu sacrificar a sua "fofinha encantadora". Antes de enterrar o animal, ela deixou que Moose a visse. "Ele esfregou o focinho nela, tentando fazer com que se levantasse para brincar. Em seguida, deitou-se ao lado de Pita e descansou a cabeça no pescoço dela." Os cachorros também cheiraram o animal inerte, incertos. Mas o interesse especial deles por Moose é o que realmente impressionava a dona deles.

Depois que Pita morreu, Laurie escreveu para a Humane Society, onde ela administra a campanha pelo fim da rinha de cães, dizendo que o desânimo de Moose, cujo estado de espírito era antes tão alegre, ficou óbvio para os cachorros, que tentaram animá-lo novamente. "A nossa impetuosa cadela Nala lambeu e esfregou o focinho nele incessantemente até que ele se animou e unhou e mordeu alegremente o seu gigantesco focinho", escreveu Laurie. "Brando, o impassível buldogue, seguia Moose pela casa com um olhar vigilante. E Winston, que adorava um aconchego, se enroscava e cochilava com o furão à noite." Laurie não tinha nenhuma dúvida de que os cachorros, ao sentir o sofrimento de Moose por causa de Pita, estavam consolando o amigo quando ele mais precisava deles.

A CAMPANHA PELO FIM DA RINHA DE CÃES

Este programa, criado pela Humane Society of the United States, procura educar os jovens dos grupos de risco com relação aos perigos e à crueldade inerente às rinhas de cães, um "esporte" de grande apelo popular no qual os cães, geralmente os American Pit-Bull Terriers, são colocados para lutar uns com os outros. Os cães utilizados nesses eventos frequentemente morrem.

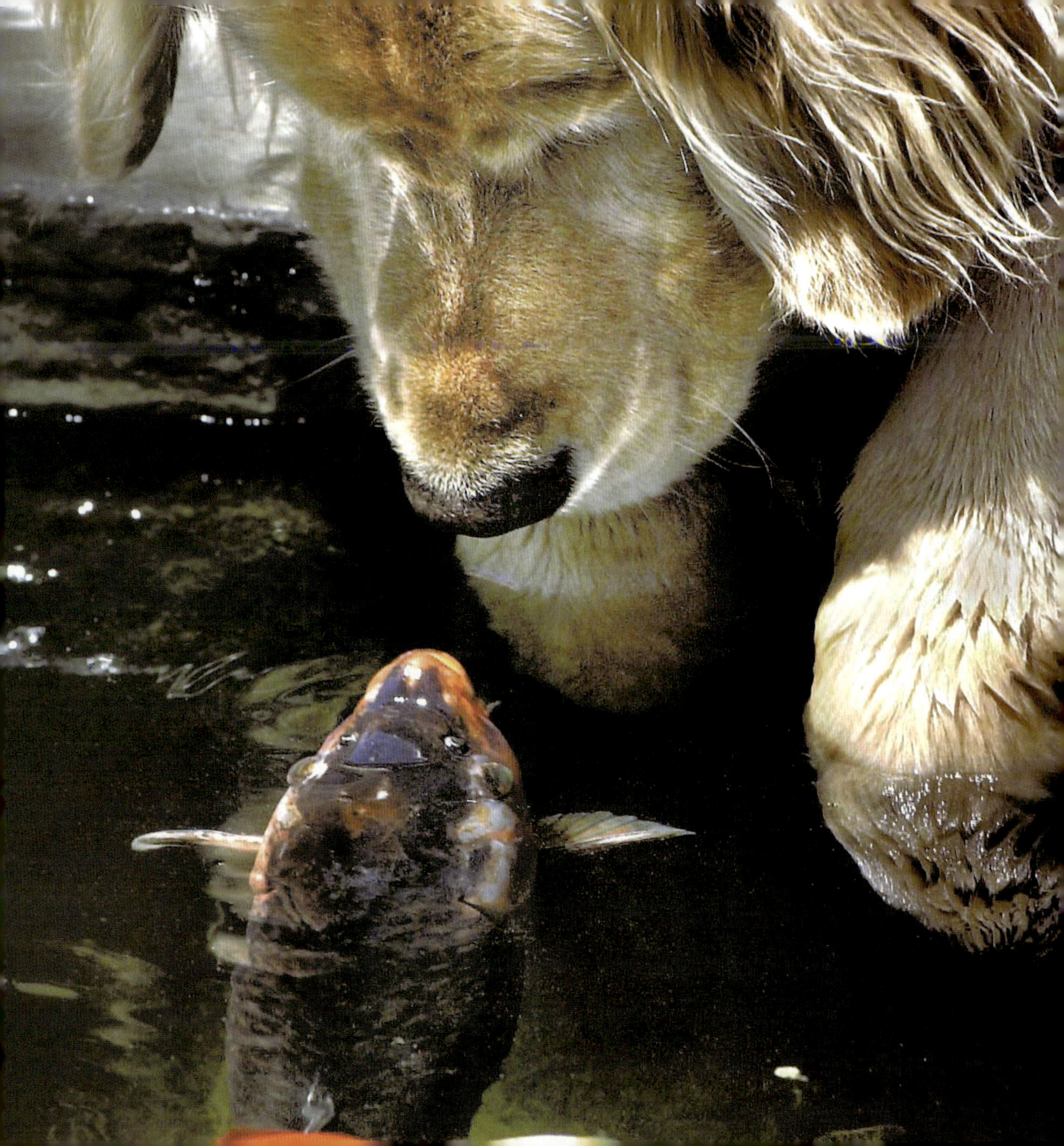

{Oregon, EUA, 1999}

O golden retriever e o peixe koi

Você alguma vez já ficou extasiado ao ver o vento dançando sobre a superfície vítrea da água e os peixes se deslocando embaixo, em perfeita harmonia? Um golden retriever de 9 anos chamado Chino descobriu essa magia há alguns anos no laguinho de um quintal em Oregon.

A principal atração para Chino era Falstaff, o peixe koi – um peixe-dourado grande, multicolorido, aparentado com a carpa, uma espécie que tem sido desenvolvida seletivamente na Ásia durante séculos para revelar beleza e personalidade. Hoje populares nos laguinhos dos quintais ocidentais, o koi é um dos peixes mais gregários que existem. E Chino não era nem um pouco relapso quando o assunto era relacionamentos sociais.

Mas por mais sociáveis que fossem, pense nos obstáculos que esses dois animais tiveram que transpor para demonstrar afeto. Eles não podiam caminhar juntos, lutar, se aconchegar ou dividir um osso. Na realidade, o único

KOI

REINO: Animalia
FILO: Chordata
CLASSE: Actinopterygii
ORDEM: Cypriniformes
FAMÍLIA: Cyprinidae
GÊNERO: Cyprinus
ESPÉCIE: Cyprinus carpio carpio

contato físico entre cão e peixe era o que tinha lugar entre focinhos molhados. No entanto, parece que ficaram amigos.

Mary Heath e o marido tinham um laguinho no quintal, repleto de peixes koi. Chino, que nunca tinha se interessado pelos outros cachorros que encontrava na rua, sentiu-se atraído por essas criaturas estranhas e pelo seu movimento gracioso debaixo da água. Ele se deitava sobre as pedras mornas à beira do laguinho, observando os peixes dar voltas, mergulhar e subir à tona para se alimentar.

O interesse do cão aumentou quando a família Heath se mudou para uma nova casa e construiu outro laguinho com um grande posto de observação para o cachorro. A família só levou na mudança dois dos peixes originais, e um deles foi o grande e comportado Falstaff, com a sua beleza laranja e preta. Com menos nadadores para distraí-lo, Chino se concentrou em Falsfatt, e os dois descobriram uma curiosidade mútua. "Eles se encontravam à beira do laguinho, e Chino se inclinava ou se deitava, colocando o focinho na água", relata Mary. "Eles tocavam o focinho um do outro, ou Falsfatt mordiscava as patas dianteiras de Chino." Mary diz que Falsfatt era uma das poucas criaturas cuja presença fazia com que o velho cachorro abanasse o rabo. "A primeira coisa que Chino fazia quando o deixávamos sair era procurar aquele peixe", diz ela, "e Falstaff imediatamente se aproximava da beira do laguinho." Chino então se deitava de bruços durante meia hora ou mais, diz ela, completamente fascinado pelo amigo aquático.

O cérebro do peixe é minúsculo, e ninguém sabe realmente se uma carpa tem a capacidade de viver uma experiência como a amizade. Mas alguma coisa fez com que esses animais tão diferentes se aproximassem um do outro, dia após dia. Talvez fossem as pelotas de comida que Falstaff sabia que podia esperar sempre que outra espécie se aproximava do laguinho. Ou quem sabe a mente do peixe possa processar conceitos mais complexos do que apenas comer, nadar, se acasalar ou fugir, especialmente esse tipo de peixe – que está geneticamente muito distante do peixe com cauda elegante que ganhamos dentro de um saco plástico, como prêmio, nas feiras e bazares. Em partes da Ásia, os peixes koi, com a sua beleza majestosa, força e inteligência, representam a capacidade de superar a adversidade e avançar com grande coragem. Para algumas pessoas, eles também simbolizam sorte.

E quanto ao golden retriever, bem, independentemente da sua capacidade mental, é difícil encontrar um que não ponha a língua de fora e não tenha uma natureza curiosa, pronto para abanar o rabo em sinal de amizade.

GOLDEN RETRIEVER

Conhecido pela sua inteligência e natureza afetuosa, o golden retriever é uma das raças mais populares nos Estados Unidos.

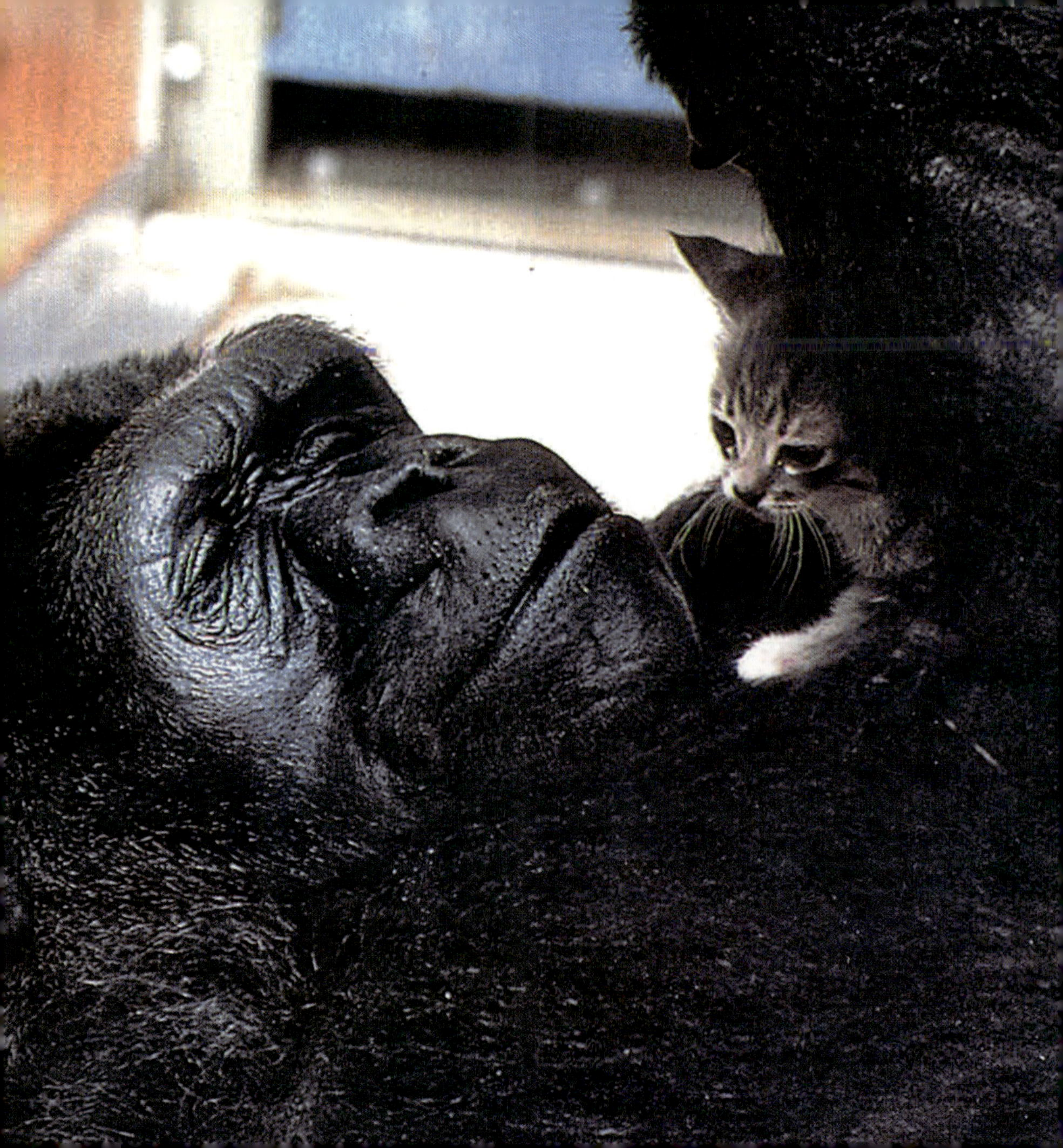

{CALIFÓRNIA, EUA, 1984}

A gorila e o gatinho

ESTA HISTÓRIA SE TORNOU UM CLÁSSICO, REVELANDO COMO ALGUNS DOS NOSsos parentes não humanos mais próximos são capazes de sentir emoção. Koko, a gorila, tinha um melhor amigo que cabia na palma da sua mão. Corria o ano de 1984 quando a gorila, que pesava mais de cem quilos, e que aprendera a se comunicar na linguagem de sinais americana, passou dois dedos de um lado ao outro do rosto como se fosse um bigode. Era um sinal para a sua professora na Gorilla Foundation, Francine "Penny" Patterson, de que ela queria um gato de presente de aniversário. A professora não ficou surpresa; ela lia para Koko havia anos, e as histórias que a macaca mais gostava eram "Os Três Gatinhos" e "O Gato de Botas". Insatisfeita com um bicho de pelúcia, Koko finalmente pôde fazer a sua escolha em uma ninhada de gatinhos abandonados. Ela escolheu uma massa peluda tão minúscula que poderia tê-la esmagado com um leve aperto. Em vez disso, Koko

> **GORILA-OCIDENTAL-
> -DAS-TERRAS-
> -BAIXAS**
> REINO: Animalia
> FILO: Chordata
> CLASSE: Mammalia
> ORDEM: Primates
> FAMÍLIA: Homonidae
> GÊNERO: Gorilla
> ESPÉCIE: G. gorilla

aconchegou o macho cinzento como uma criança abraçaria uma boneca, e o chamou de All Ball.

Koko ficou entusiasmada. Ela passou a tratar Ball como outras gorilas tratavam os seus bebês, carregando-o alojado na coxa, tentando amamentá-lo, arranhando-o e fazendo cócegas nele, e até mesmo brincando de vesti-lo, cobrindo o corpo e a cabeça dele com guardanapos. Aparentemente consciente da sua força, ela o manipulava com cuidado, tolerando inclusive as mordidas do gatinho sem nenhum indício de agressividade. Quando a sua professora perguntava se ela amava o seu pequeno Ball, Koko respondia por meio de sinais, "gato bom, macio".

Lamentavelmente, o relacionamento foi breve. No inverno seguinte à ocasião em que Koko escolheu o gatinho, Ball escapou do cercado do gorila e foi atropelado por um carro. As pessoas que trabalhavam com Koko dizem que a tremenda tristeza de Koko era visível, e se revelava nos gestos das mãos, na linguagem silenciosa da dor da perda, e nos seus gritos chorosos.

Em um artigo da revista *National Geographic* a respeito da extraordinária macaca, as suas palavras na linguagem dos sinais foram traduzidas na seguinte maneira:

Quando lhe perguntaram se ela queria falar a respeito da sua perda, Koko gesticulou: "Choro".

"O que aconteceu ao seu gatinho?", perguntou a treinadora.

"Gato dorme".

> **THE GORILLA FOUNDATION KOKO.ORG**
> Dedicada à preservação, proteção e bem-estar dos gorilas, esta fundação, fundada em 1974, é mais conhecida pelo seu trabalho pioneiro com dois gorilas, Koko e Michael, que aprenderam e se tornaram fluentes na linguagem de sinais americana (ASL).

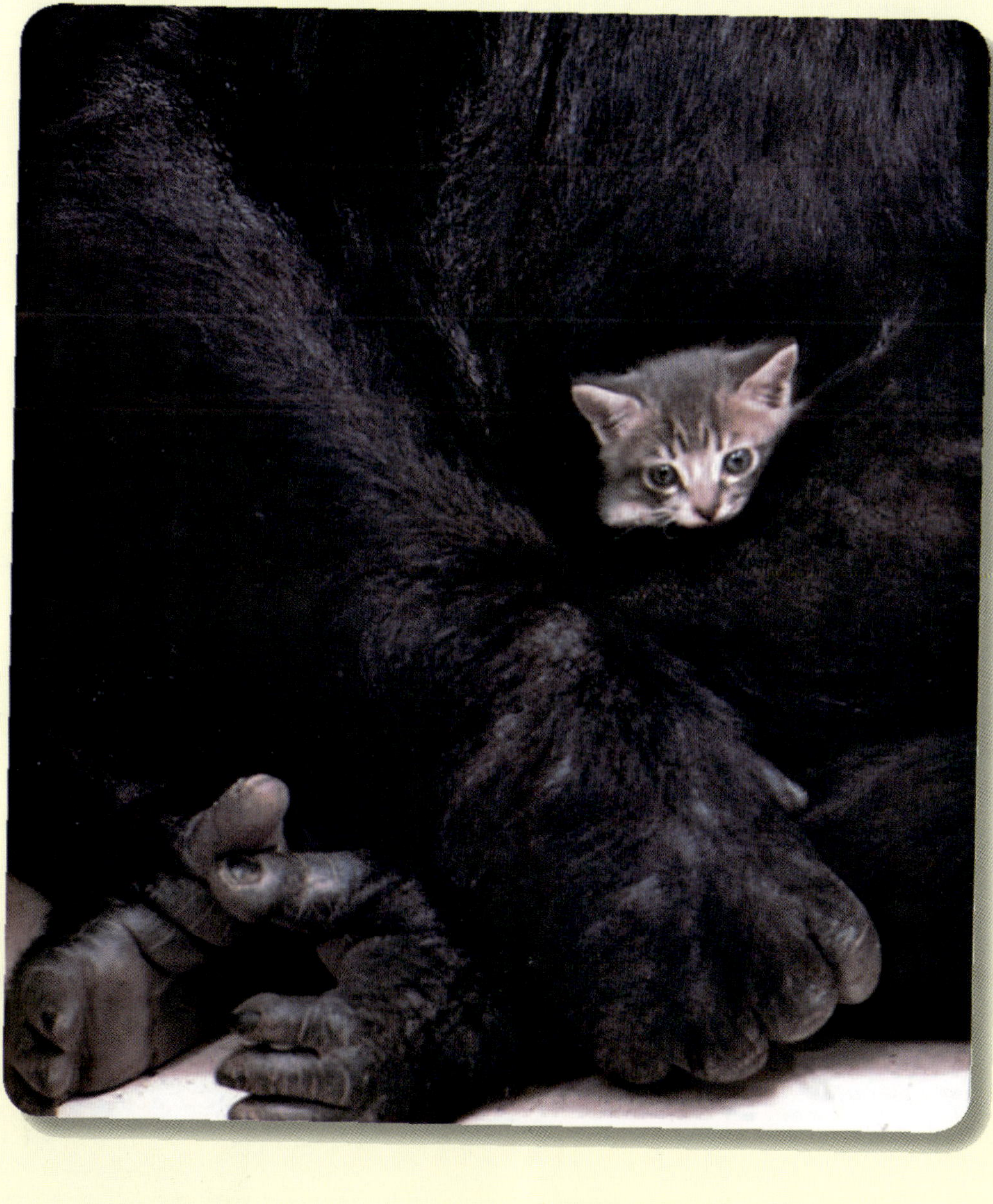

Apontando para a foto de um gato parecido com Ball, as grandes mãos de Koko falaram novamente.

"Chorar, triste, carrancuda."

No entanto, nos gorilas, assim como nos seres humanos, o tempo cura até mesmo as mais profundas feridas, e existe espaço no coração para cuidar de outro ser. Koko logo formou um vínculo com outros dois gatinhos, Lipstick e Smoky. O seu espírito materno foi reavivado, a gorila impressionou novamente os humanos que cuidavam dela ao demonstrar um delicado afeto por animais tão diferentes dela.

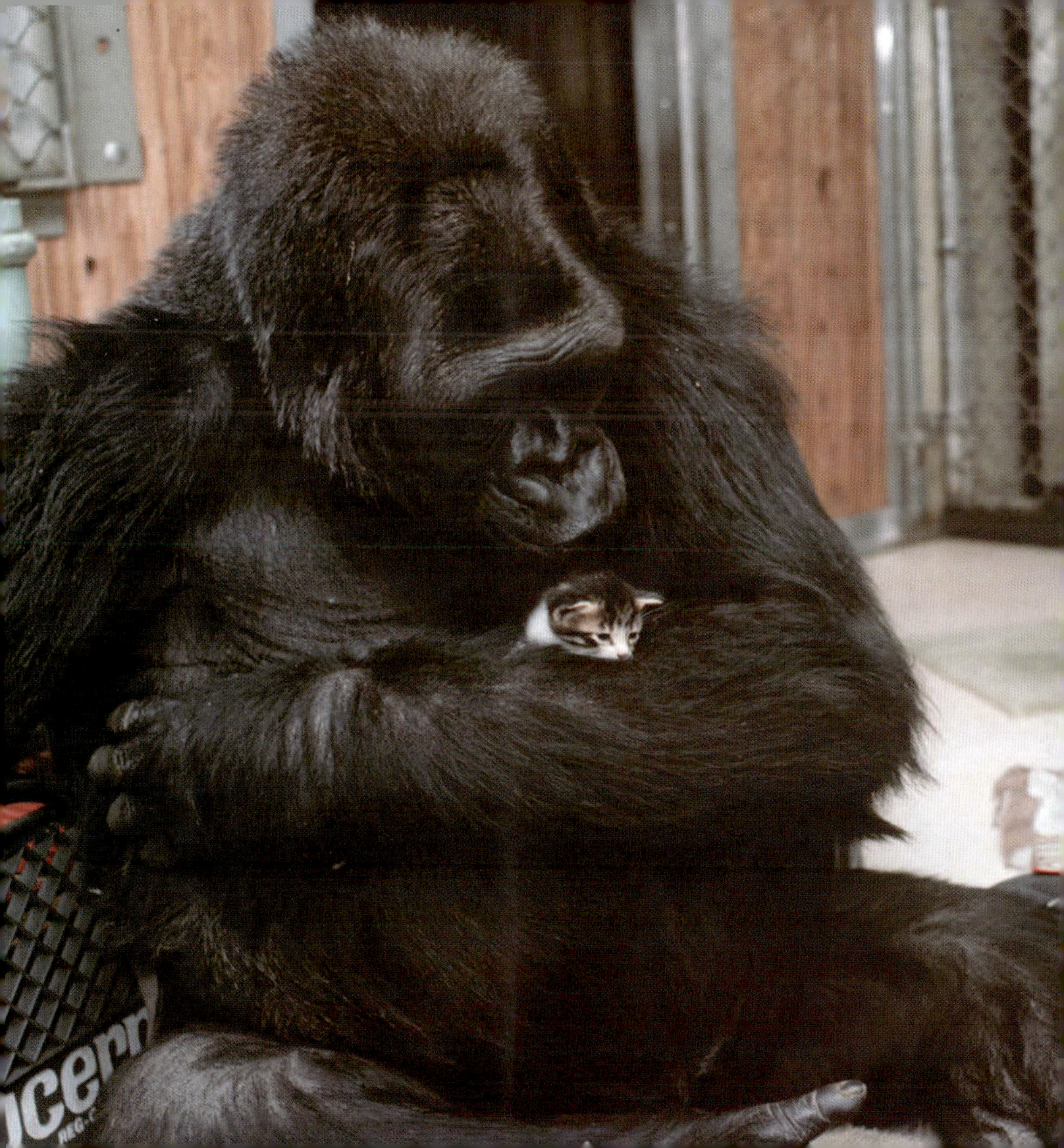

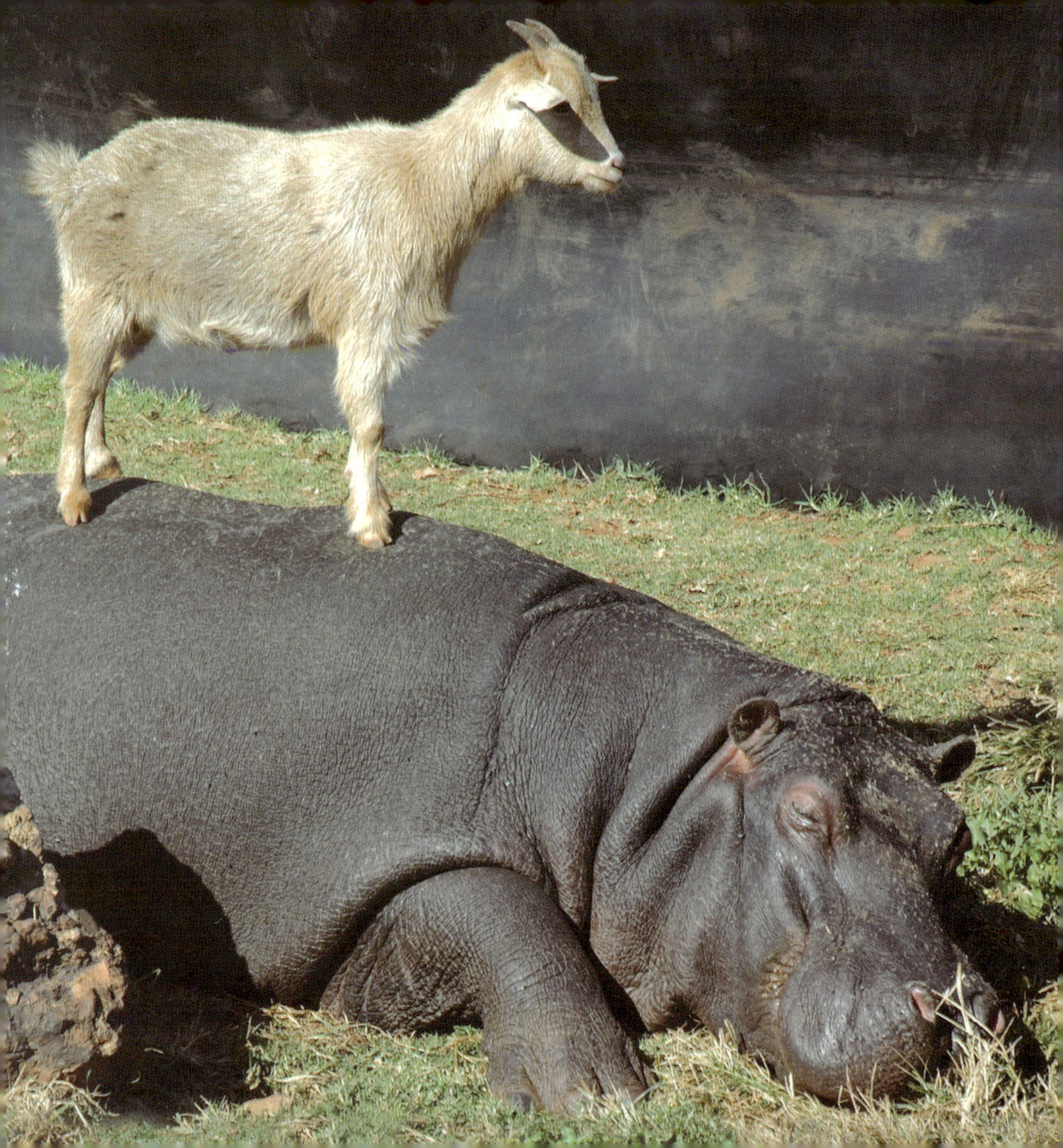

{ÁFRICA DO SUL, 2006}

O hipopótamo e o bode pigmeu

HUMPHREY, O HIPOPÓTAMO, CHEGOU A RHINO AND LION NATURE Reserve quando contava cerca de 6 meses de idade. A reserva é mais conhecida pelos leões e rinocerontes, especialmente os rinocerontes em risco de extinção que foram reproduzidos ali com sucesso na última década. Mas outras espécies também são bem-vindas no local – como foi o caso de Humphrey.

De acordo com Lorinda Hern, cujo pai, Ed, é dono da reserva sul-africana, o hipopótamo tinha sido criado como animal doméstico. Morara dentro de casa com a sua "família" humana e brincava ocioso no laguinho do quintal até que ficou grande demais para ter uma vida doméstica. Nesse ponto, a família tentou mantê-lo do lado de fora, mas Humphrey, mimado por causa dos seus dias de bichinho de estimação, recusou-se a aceitar a situação. Ele quebrou portas para entrar dentro da casa.

> **HIPOPÓTAMO**
> REINO: Animalia
> FILO: Chordata
> CLASSE: Mammalia
> ORDEM: Artiodactyla
> FAMÍLIA: Hippopotamidae
> GÊNERO: Hippopotamus
> ESPÉCIE: Hippopotamus amphibius

Talvez a sua veemência não devesse surpreender. O hipopótamo não é o tipo de animal que tende a ficar sentado e aceitar o que acontece – a não ser que esteja relaxado e chafurdando nas águas frescas de um rio. A maioria dos hipopótamos protege agressivamente o seu território. Além disso, embora possam parecer lentos e pesadões, são capazes de correr mais de trinta quilômetros por hora. Na África, muitos consideram o hipopótamo a mais perigosa das criaturas selvagens, já que dizem que ele mata mais seres humanos do que qualquer outro animal de grande porte, inclusive os crocodilos e os leões.

Por sorte, no caso de Humphrey, amigo dos seres humanos, nunca houve o medo de um ataque intencional. Foram os "danos colaterais" não intencionais de manter um hipopótamo de quatro toneladas em uma casa que finalmente fizeram com que os seus donos não aguentassem mais, e foi assim que Humphrey foi parar na reserva.

Quando ele chegou lá, a equipe decidiu apresentar imediatamente Humphrey a um "amigo" para evitar que ele se sentisse solitário e talvez decidisse extravasar as suas frustrações.

Entra em cena o bode pigmeu. Os dois não pareceram se preocupar com as diferenças de tamanho e espécie, e logo ficaram amigos. No entanto, o bode se revelou um deplorável modelo de vida. Os bodes pigmeus são infinitamente curiosos, artistas do escapismo e notórios alpinistas, capazes de escalar uma

> **BODE PIGMEU**
> REINO: Animalia
> FILO: Chordata
> CLASSE: Mammalia
> ORDEM: Artiodactyla
> FAMÍLIA: Bovidae
> GÊNERO: Capra
> ESPÉCIE: Capra aegagrus hircus

cerca ou até mesmo subir ao teto de uma edificação para ver o que existe por lá. E o hipopótamo, que já tinha a tendência de se comportar mal, pareceu satisfeito em imitar as excentricidades do amigo bovídeo. Ele escalava feliz a cerca do seu cercado – até onde se pode dizer que um hipopótamo "escala" qualquer coisa – e surpreendia os turistas, que abandonavam, apavorados, o conteúdo das suas cestas de piquenique.

Apesar das travessuras, a amizade proporcionou a muito necessária companhia para o solitário hipopótamo. E aqui está o final ainda mais inesperado: pouco antes de Humphrey ser transferido para uma reserva particular em outro lugar, descobriu-se que ele era... uma moça!

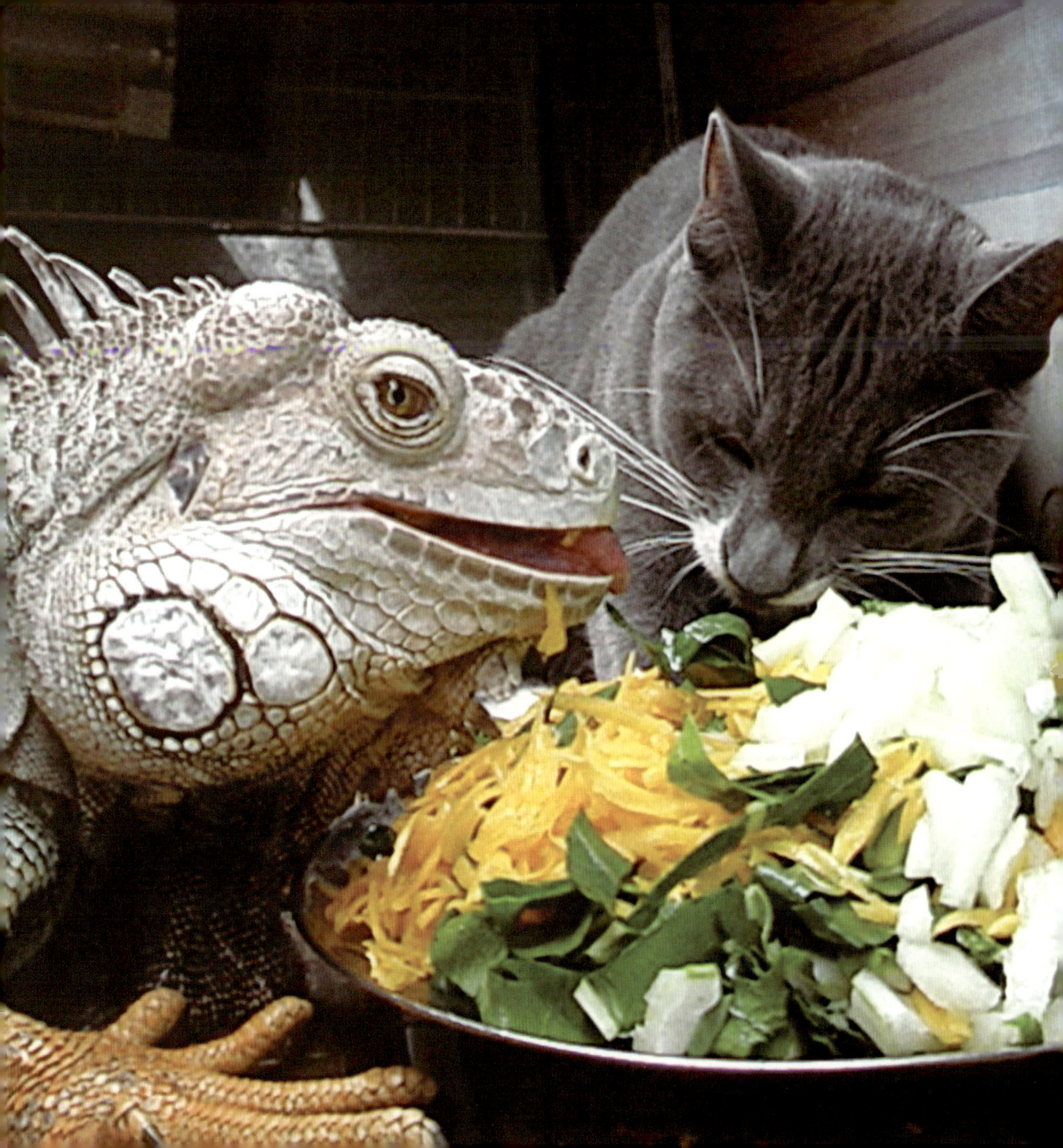

{Nova York, EUA, 2008}

A iguana e os gatos domésticos

MUITAS COISAS PECULIARES PODEM SER VISTAS VAGANDO PELAS RUAS de Nova York, mas as iguanas não são uma presença típica entre elas. Certo dia, porém, na esquina da Seventy-First Street com a Thirteenth Avenue, no Brooklyn, uma iguana passou apressada por um homem que, depois de olhar duas vezes, chegou à conclusão de que ali não era o lugar adequado para aquele animal. Ele a sequestrou com planos de dar um lar a ela, mas a sua esposa não ficou igualmente entusiasmada. "Você não vai trazer essa *coisa* aqui para dentro", declarou ela. Assim, ela telefonou para uma amiga que simplesmente adorava animais.

Rina Deych é enfermeira diplomada e muitas vezes trabalha como voluntária em assuntos ligados ao bem-estar dos animais. O seu apartamento já é um zoológico, mas ela recebeu a iguana macho de trinta centímetros de comprimento sem titubear e rapidamente descobriu do que o animal precisava.

IGUANA
REINO: Animalia
FILO: Chordata
CLASSE: Reptilia
ORDEM: Squamata
FAMÍLIA: Iguanidae
GÊNERO: Iguana
ESPÉCIE: I. Iguana

Rina comprou um engradado, um umidificador, aquecedores e lâmpadas especiais que imitam a luz solar. "Fiquei feliz porque pelo menos ele era vegetariano", diz Rina, que é vegan e tem a geladeira repleta de verduras, legumes e frutas. "É claro que eu o teria acolhido com prazer, independentemente do seu tipo de alimentação." Ela o chamou de Sobe.

O réptil vicejou sob os cuidados dela, logo atingindo 1,40 m de comprimento, do focinho à ponta da cauda.

Nesse ínterim, outro animal foi parar na porta da casa de Rina. "O gatinho estava quase morto quando o encontrei", diz ela. "Foi como se ele, ou a mãe dele que o deixou aqui, soubesse que a minha casa é um santuário para animais." Embora o minúsculo felino estivesse com pneumonia, infecções oculares e horríveis infestações de pulgas e vermes, Rina sentiu que poderia salvá-lo e recusou o oferecimento do seu veterinário de submetê-lo à eutanásia.

De fato, Johann, o gato, logo apresentou uma melhora acentuada, e Rina decidiu ver como os dois rejeitados iriam se entender. "Quando coloquei Jo no engradado de Sobe, este inflou como Godzilla e sibilou. Ele pode parecer muito grande e ameaçador, mas Jo não conhece o medo, de modo que simplesmente se esfregou na pele áspera de Sobe e ronronou. Sobe provavelmente se perguntou: "Que diabos está acontecendo? Por que ele não está com medo?"

No entanto, a iguana se acalmou rapidamente. Fechou os olhos e deixou que o gatinho se esfregasse na sua cara e brincasse com a sua cauda. A iguana não fez nada para impedir o contato e pareceu até mesmo apreciá-lo.

Hoje em dia, Sobe é uma iguana totalmente livre na casa de Rina. Ele sobe na cama com Jo e os outros gatos de Rina e deixa que eles se enrosquem à sua volta, não se importando quando eles tentam lambê-lo ou se juntar a ele no seu pedaço de tronco dentro do engradado. Na realidade, quando o tronco está vazio, ele vaga pelo apartamento procurando pelos felinos.

Embora as iguanas possam ser agressivas, especialmente quando estão sexualmente maduras, "Jo e os outros gatos aprenderam a captar os sinais e sair do caminho quando Sobe fica 'carinhoso demais', diz Rina." Afinal de contas, até mesmo os melhores amigos têm os seus limites.

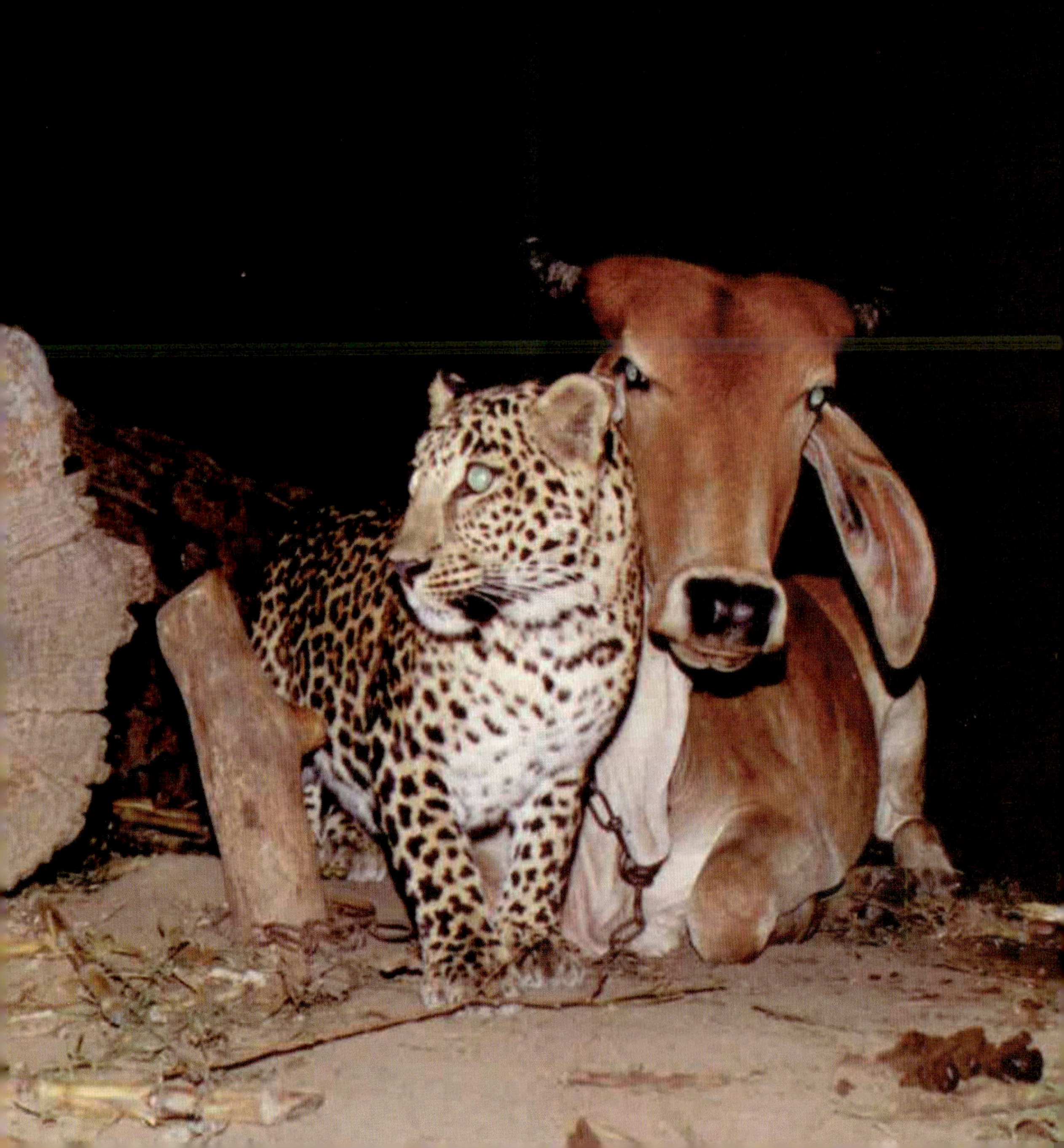

{Índia, 2003}

O leopardo *e a* vaca

Esta narrativa chega até nós vinda das margens do rio Dhadhar na Índia, e de uma aldeia chamada Antoli. Ela conta a história da vaca doméstica e do leopardo selvagem que buscou o afeto dela.

O leopardo fêmea arrastou-se sorrateiramente pela plantação de cana-de-açúcar, dando a impressão de estar em busca de alguma coisa. Ele encontrou uma vaca amarrada no campo, da maneira como as pessoas da aldeia mantêm os seus animais de fazenda nessa poeirenta comunidade rural. O felino não fez mal à vaca, mas os aldeões ficaram preocupados com os seus instintos predatórios, já que eles, também, andavam à noite pelos campos. Pediram então ao Departamento Florestal que levasse o leopardo para um santuário da fauna selvagem localizado nas proximidades.

Os especialistas em capturar animais foram então ao local para buscar o leopardo e observaram uma interação inesperada. Rohit Vyas, conservacio-

> **LEOPARDO**
> REINO: Animalia
> FILO: Chordata
> CLASSE: Mammalia
> ORDEM: Carnivora
> FAMÍLIA: Felidae
> GÊNERO: *Panthera*
> ESPÉCIE: *Panthera pardus*

nista da vida selvagem do Estado de Gujarat, esteve envolvido em várias tentativas de captura do leopardo. O felino voltava ao local todas as noites, com frequência várias vezes por noite, mas não como um predador que estivesse farejando uma refeição quente. Em vez disso, a fêmea ia até lá para ser abraçada. Ela se aproximava hesitante da vaca, esfregava a cabeça na cabeça na vaca, e depois se acomodava encostada no corpo dela. A vaca lambia o felino, começando pela cabeça e pelo pescoço, limpando o que conseguia alcançar enquanto o leopardo se retorcia sentindo um visível prazer. Se a vaca estivesse adormecida quando o leopardo fêmea chegava, este a despertava suavemente esfregando o focinho na perna da vaca antes de se deitar bem perto dela. Havia outros bovinos por perto, mas o felino não dava atenção a eles. A vaca escolhida parecia contente em aplicar o banho noturno ao leopardo. Durante quase dois meses, o felino apareceu por volta das oito horas da noite, ficando aconchegado na vaca até os primeiros sinais da alvorada – como se estivesse ocultando da ofuscante luz do dia aquele estranho encontro amoroso.

Quando a notícia do vínculo entre os animais se espalhou, os habitantes da aldeia ficaram com menos medo do leopardo e deixaram de se preocupar com a captura dele. Também ficaram surpresos ao constatar que a produção agrícola tinha aumentado. Aparentemente, o grande felino estava atacando os porcos, macacos e chacais que geralmente chegavam a devorar um terço da colheita dos agricultores.

> **GADO BRAHMAN**
> REINO: Animalia
> FILO: Chordata
> CLASSE: Mammalia
> ORDEM: Artiodactyla
> FAMÍLIA: Bovidae
> GÊNERO: *Bos*
> ESPÉCIE: *Bos primigenius*

O felino ficou afastado por várias semanas. Depois, na última noite em que os animais foram vistos juntos, o leopardo fez várias visitas à vaca antes de se afastar para sempre da amiga. Rohit Vyas acredita que o leopardo devia ser jovem e órfão de mãe quando apareceu perdido na aldeia, tendo usado campos agrícolas como uma trilha a partir de uma floresta distante. Talvez uma lambida curiosa entre o felino e a vaca tenha despertado nesta última o instinto materno. O leopardo procurou durante algum tempo o calor da vaca, mas quando atingiu a idade adulta, a sua necessidade de afeto materno diminuiu, de modo que foi embora.

Mesmo diante de uma explicação bastante plausível, "Esse relacionamento era inimaginável", afirma Rohit. "Todos ficamos fascinados com ele. Quem poderia esperar que um animal carnívoro e caçador como o leopardo demonstrasse amor e afeto pela sua presa?"

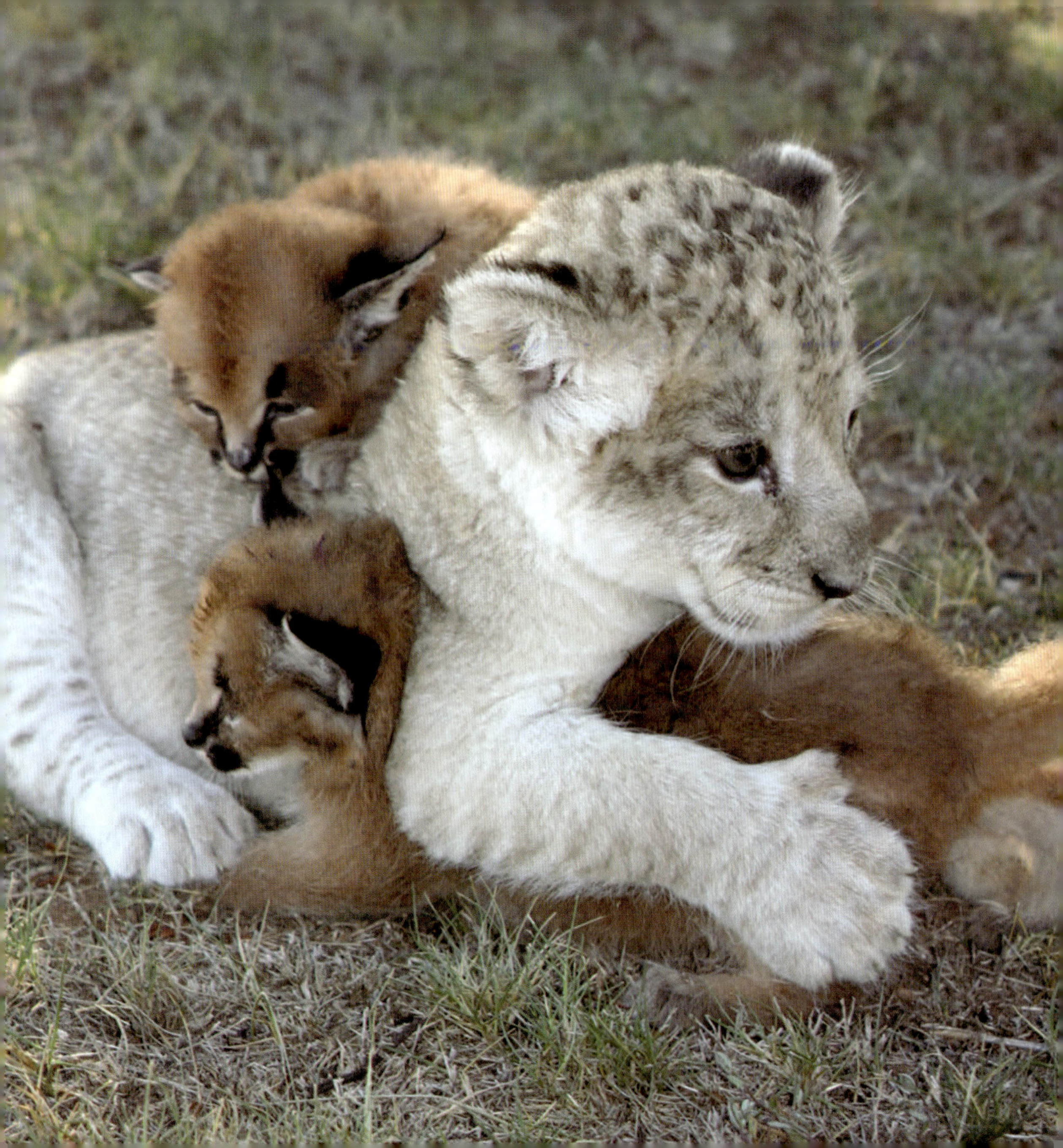

{ÁFRICA DO SUL, 2010}

O filhote de leão e os irmãos caracais

A FATALIDADE QUE ATINGIU ALGUNS GATOS SELVAGENS ORIGINOU UMA feliz associação de espécies em uma reserva sul-africana.

Aconteceu na Pumba Private Game Reserve, em Port Elizabeth, um lugar onde leões caçam silenciosamente e as chitas correm, onde zebras e girafas formam silhuetas estoicas nas planícies poeirentas, e onde rinocerontes e elefantes transformam poços em piscinas lamacentas.

Primeiro, um filhote de leão, fêmea, chamado Sheba foi trazido para Pumba para reabilitação. A mãe de Sheba, quando ainda estava pesada de uma gravidez, foi capturada por engano por uma equipe de remanejamento de animais selvagens. Dois dos filhotes morreram pouco depois do parto, e ela abandonou o terceiro – provavelmente em decorrência do stress da captura.

Os membros da equipe do Pumba Reserve receberam a leoazinha abandonada e fizeram o possível para preencher a lacuna materna. Eles planeja-

> **CARACAL**
> REINO: Animalia
> FILO: Chordata
> CLASSE: Mammalia
> ORDEM: Carnivora
> FAMÍLIA: Felidae
> GÊNERO: *Caracal*
> ESPÉCIE: *C. caracal*

vam criá-la durante 18 meses e depois introduzi-la em um bando de leões na área de quase 7.000 hectares de florestas e planícies descampadas.

Relativamente pouco tempo depois, uma dupla de jovens caracais foi levada para a reserva. O caracal é uma espécie pequena, veloz e semelhante ao lince que vaga pelos campos abertos da África e do Oriente Médio. A mãe dos irmãos caracais tinha sido morta por cães de caça em uma fazenda próxima depois que ela atacou os carneiros do fazendeiro. Normalmente, os filhotes de caracal chegam a permanecer com a mãe durante um ano, de modo que sem uma mãe substituta, o futuro dos animaizinhos era sombrio. Assim como tinham feito com a leoazinha, os membros da equipe da Pumba Reserve fizeram o melhor que podiam para servir de mãe aos caracais. Eles chamaram a dupla de irmão e irmã de Jack e Jill. E tinham em mente um companheiro de brincadeiras para os filhotes: Sheba, a pequena e solitária leoazinha.

Sheba, Jack e Jill formaram um vínculo instantâneo. "Os três vivem juntos na nossa casa na fazenda, com o nosso cachorro Frankie", declara Dale Howarth, o diretor da reserva, cuja casa está situada no limites da natureza selvagem. "Eles brincam juntos como quaisquer gatos domésticos, mas obviamente são bem maiores e mais turbulentos – e danificam muito os nossos tapetes e a mobília. Escalar cortinas não representa nenhum desafio para eles."

> **LEÃO**
> REINO: Animalia
> FILO: Chordata
> CLASSE: Mammalia
> ORDEM: Carnivora
> FAMÍLIA: Felidae
> GÊNERO: *Panthera*
> ESPÉCIE: *Panthera Leo*

Os três felinos dormem juntos em um monte de pele no quarto que Dale divide com a mulher, o que possibilita que os filhotes recebam as refeições regulares de que necessitam. Quando estiverem com 1 ano de idade, diz ele, os caracais serão libertados na reserva, enquanto a leoa começará a se separar da "família" quando completar mais ou menos 1 ano e meio, quando estará pronta para encontrar um parceiro. "Nesse ponto, todos os felinos estarão livres para ir e vir à vontade; os animais não são pressionados a ficar ou partir", afirma Dale.

Até então, cada dia é uma doce mistura de comer, dormir na varanda, rolar, brigar, unhar e assustar os seus protetores enquanto correm como loucos, despreocupados, pela casa e pelo jardim. Afinal de contas, gatinhos serão sempre gatinhos. Até que crescem e se tornam caracais e leões.

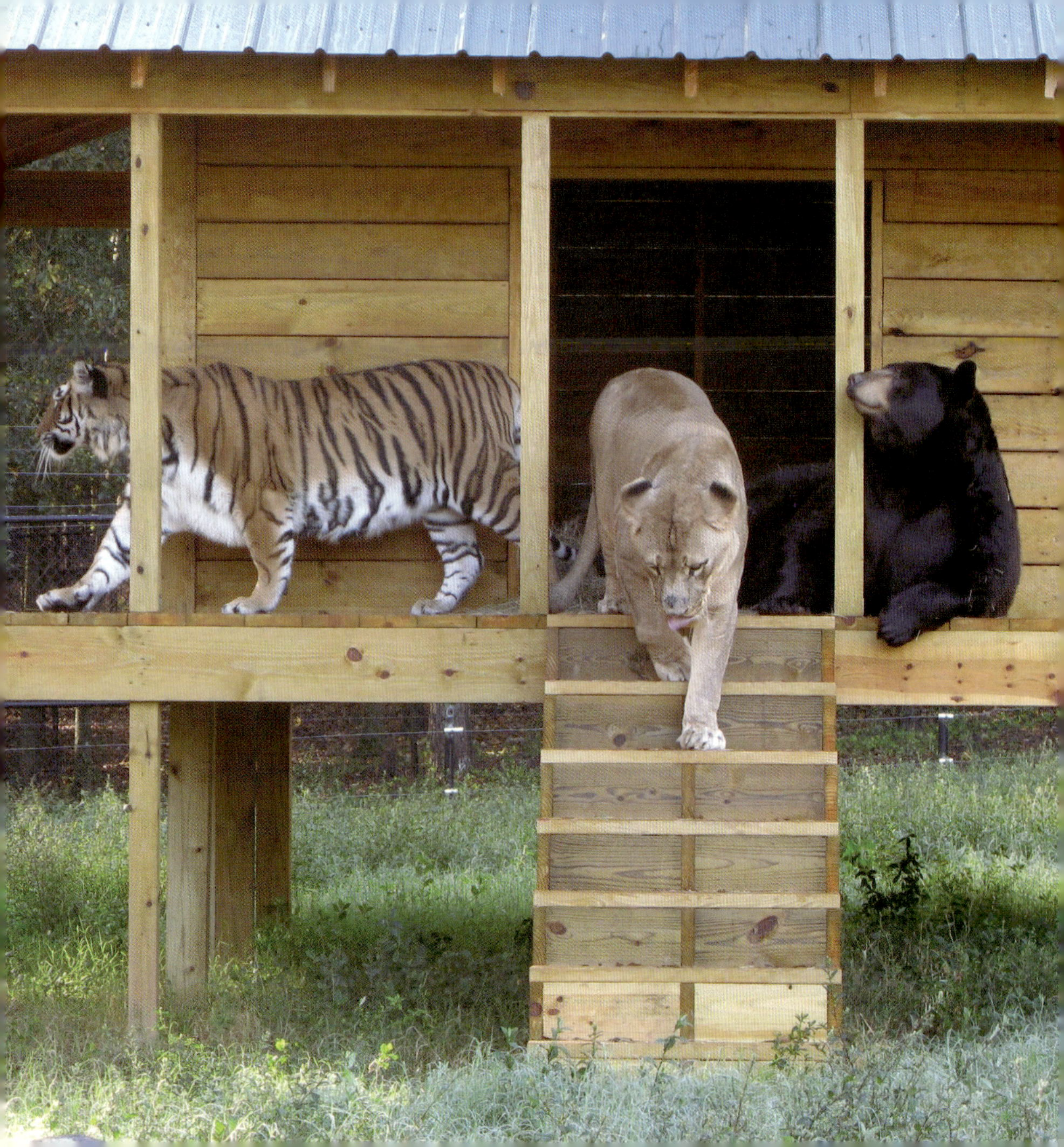

{Georgia, EUA, 2001}

O leão, o tigre e o urso

Meu Deus! são os três grandes animais que assustaram Dorothy e os seus companheiros de Oz, novamente reunidos. Mas no Noah's Ark Animal Rehabilitation Center em Locust Grove, Georgia, leão, tigre e urso não são assustadores; eles são irmãos.

Chegaram juntos ao centro de reabilitação em 2001, três filhotes que haviam sido confiscados pelo Department of Natural Resources durante uma batida policial antidroga. Eles eram Leo (o leão), Shere Khan (o tigre) e Baloo (o urso), e os animais, que não tinham mais de 3 meses cada um na ocasião, claramente haviam se tornado inseparáveis durante a sua provação.

Assim sendo, juntos permaneceram. O seu hábitat no centro foi construído de maneira a ser espaçoso o bastante para os três, e eles ganharam uma resistente "sede de clube", uma estrutura de madeira construída como um local para dormir e, às vezes, para se esconder de visitantes boquiabertos

> **URSO-NEGRO-AMERICANO**
> REINO: Animalia
> FILO: Chordata
> CLASSE: Mammalia
> ORDEM: Carnivora
> FAMÍLIA: Ursidae
> GÊNERO: Ursus
> ESPÉCIE: Ursus americanus

que observavam os companheiros mais estranhos do centro. Na natureza selvagem, esses animais teriam que atravessar oceanos para se encontrar frente a frente: os leões vêm da África; os tigres, da Ásia; e os ursos-negros americanos são, obviamente, americanos. No entanto, as suas diferentes origens não os impediram de serem felizes companheiros de alojamento.

Jama Hedgecoth, uma das fundadoras do Noah Ark, diz que os animais brincam diariamente, às vezes rudemente, mas nunca têm explosões de raiva. Todos se dão bem. Eles se esfregam uns nos outros, dão cabeçadas e dormem e comem juntos; "eles vivem em verdadeira harmonia", afirma. Acordam de manhã cheios de disposição, prontos para lutar uns com os outros e atacar os brinquedos (pneus, toras e outros objetos relativamente indestrutíveis). Quando a tarde se aproxima, os três se tornam uma pilha de ossos preguiçosos, esparramados no pátio ou na "varanda" da sua casa, enquanto os visitantes perambulam pelo centro.

> **TIGRE**
> REINO: Animalia
> FILO: Chordata
> CLASSE: Mammalia
> ORDEM: Carnivora
> FAMÍLIA: Felidae
> GÊNERO: Panthera
> ESPÉCIE: Panthera tigris

Ao contrário da maioria dos gatos domésticos, os tigres gostam da água. E os ursos também. Isso significa que Shere Khan e Baloo podem compartilhar outra atividade: se molhar. Eles tiveram uma série de banheiras onde chapinhar ao longo dos anos, e quando o seu hábitat for reformado da próxima vez, eles terão acesso a um riacho próximo.

Embora tenham sido reunidos na Georgia, EUA, devido a uma série de circunstâncias lastimáveis, o leão, o tigre e o urso, nascidos em diferentes

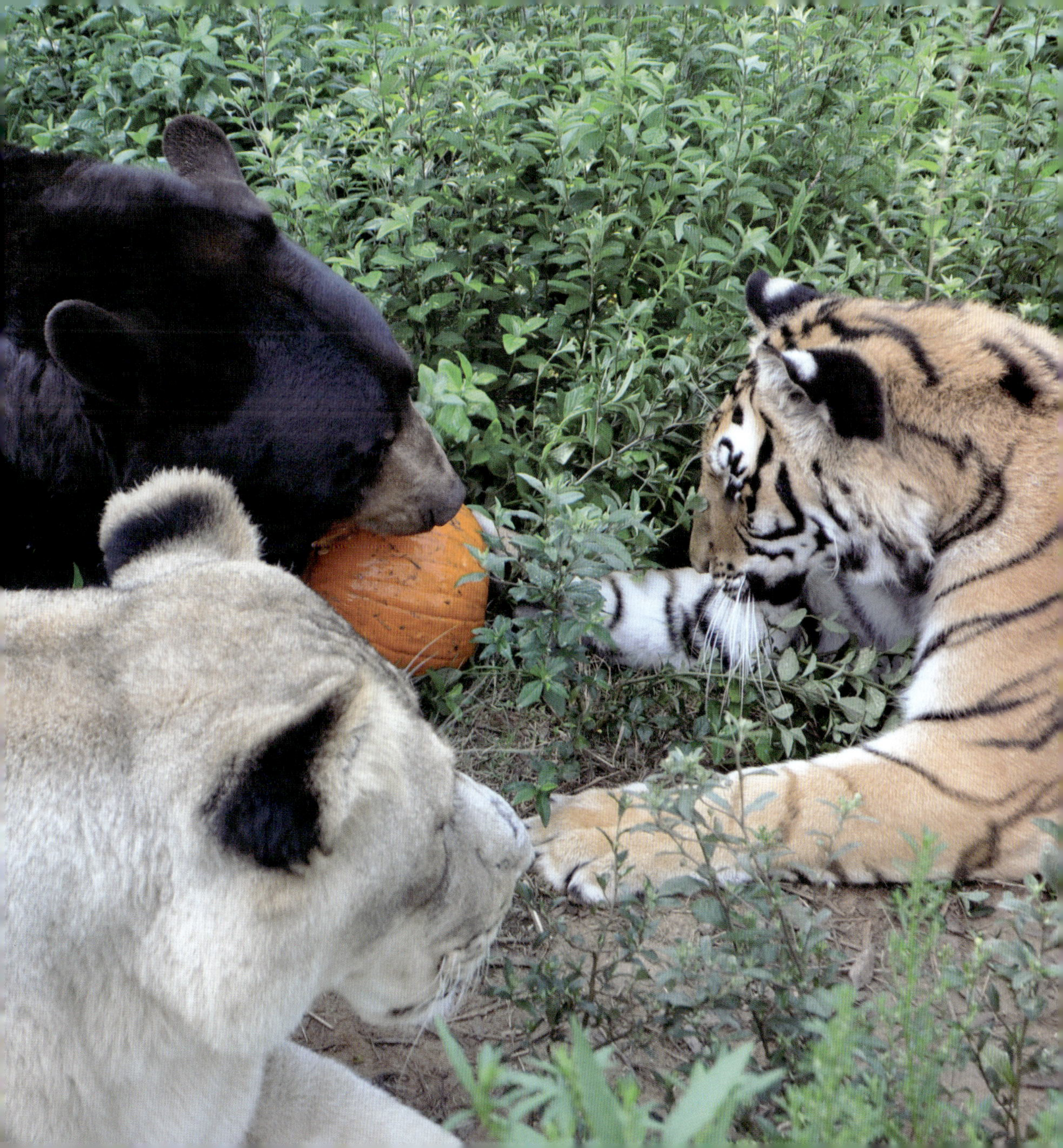

continentes, formaram uma família, alheios à sua genética discrepante e origens dispersas. "Agora, este é o lar onde viverão para sempre", afirma Jama, "e esperamos que tenham uma vida longa e saudável juntos".

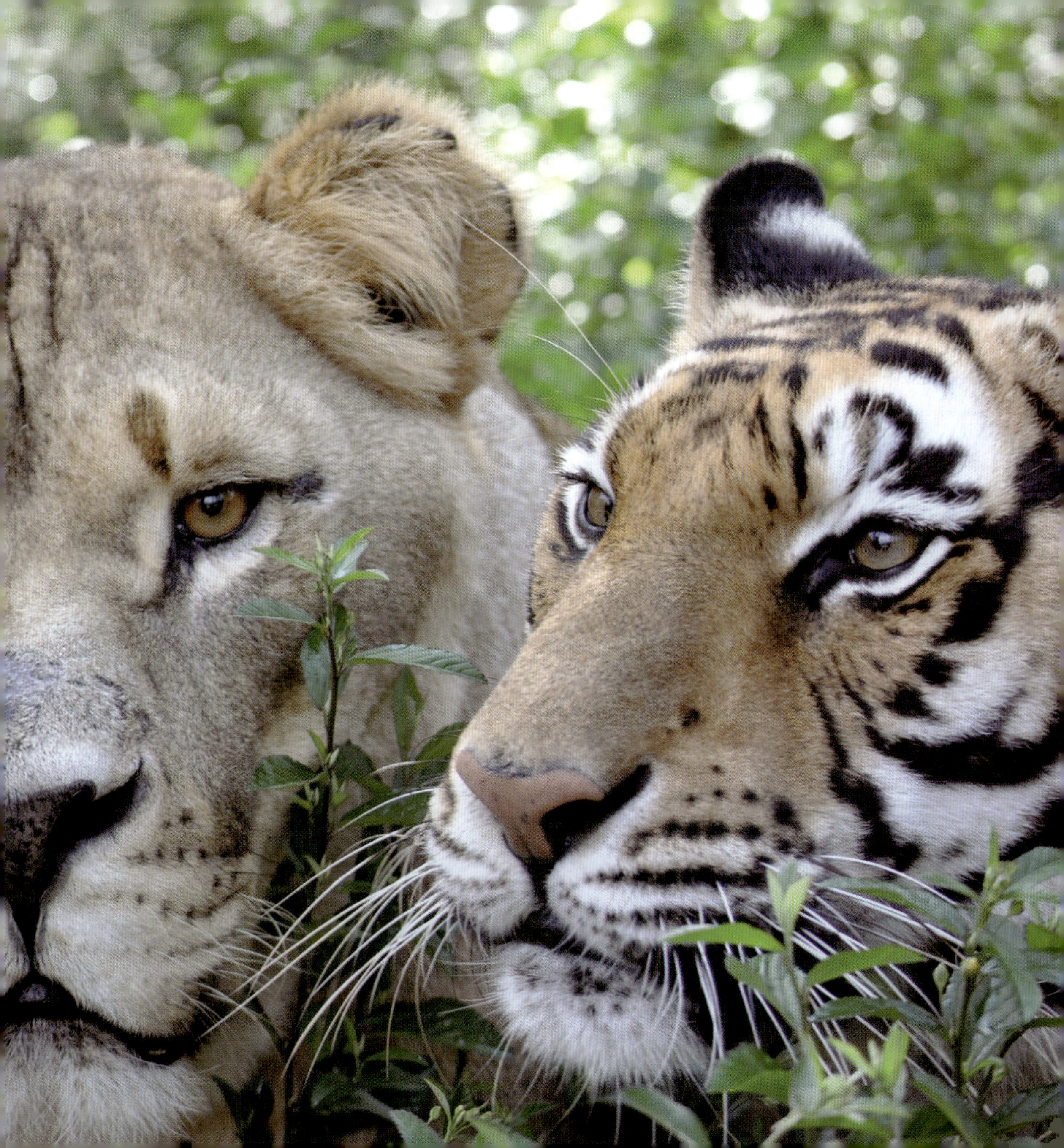

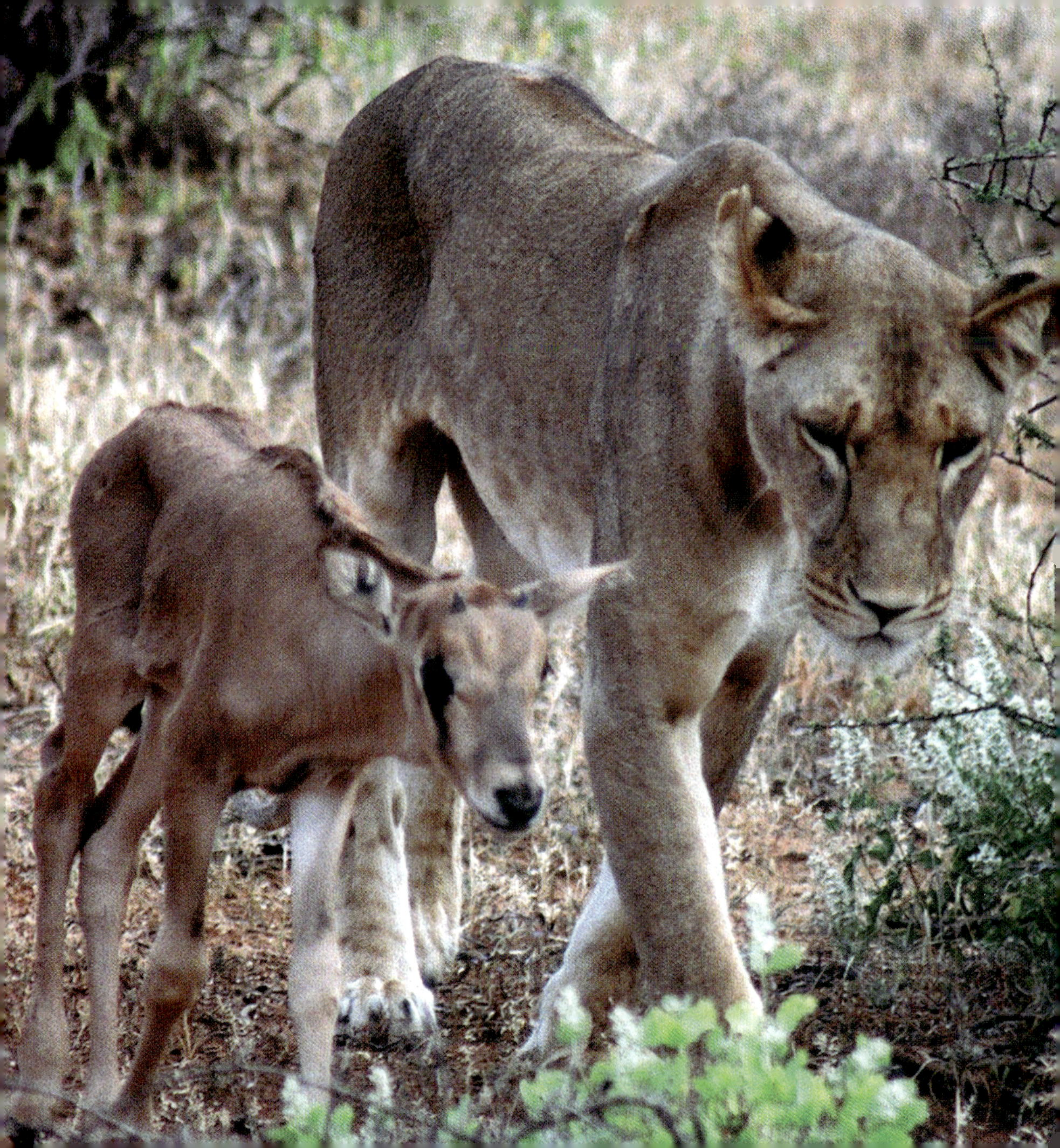

{QUÊNIA, 2002}

A leoa e o filhote de órix

NA SAMBURU NATIONAL RESERVE OF KENYA, A VEGETAÇÃO DE ARBUSTOS DA África Oriental se expande em um cerrado denso e colinas relvadas, com rios barrentos ondulando como fitas através das planícies. É uma terra de hipopótamos e elefantes, zebras e girafas, onde grandes felinos e macacos que gritam bebem água nos mesmos poços efêmeros e aonde pastores nômades levam o gado e bodes para mastigar o capim da terra seca. Aqui, a Natureza se desviou do seu curso habitual, e nasceu uma lendária história de animais.

Era quase bíblico: um leão e um filho de antílope deitados juntos em paz. As pessoas da localidade diziam que era uma mensagem de Deus. Elas chamaram o leão de Kamunyak, que quer dizer "o abençoado". Elas iam para o mato presenciar o estranho par, esperando que o espetáculo admirável durasse.

Saba Douglas-Hamilton, antropóloga social e conservacionista do Save the Elephants, acompanhou os animais durante mais de duas semanas enquanto o relacionamento se desenvolvia. Ela observou como um predador normalmente violento protegia a sua presa. E presenciou como tudo acabou.

O antílope era um órix que estava descobrindo como usar suas pernas. O felino era uma jovem leoa que ainda tinha o focinho rosado da juventude – jovem demais para ter dado à luz e perdido os filhotes, mas madura o bastante para conhecer a sua presa, caçá-la e matá-la. Por alguma razão, essa jovem leoa, tendo se separado do seu bando, adotou o órix "como se fosse o seu filhote", diz Saba. Os dois percorriam lado a lado a região e dormiam juntos, um sendo a extensão do outro.

Durante algum tempo, pareceu que dois instintos estavam causando um conflito na leoa: o materno e o predatório. Mas o materno venceu, e ela mantinha o órix perto dela o tempo todo, lambendo-o com delicadeza e tratando-o como se fosse seu próprio filho. E o órix, aparentemente não tendo assimilado completamente a sua espécie e sem ter consciência de que tinha um predador ao seu lado, não sentia medo, tentando até mesmo mamar no grande felino. Mas um antílope em crescimento precisa nos primeiros meses de vida do leite rico e amanteigado de antílope, que nenhuma leoa pode oferecer. Assim sendo, o órix claudicava em direção à inanição.

A leoa se recusava a deixar o órix sozinho por um período suficiente para caçar para si mesma, de modo que ela também começou a ficar com fome e cada vez mais letárgica. Durante o tempo que passou observando a dupla, Saba pediu explicações sobre o que estava acontecendo a especialistas em leões do mundo inteiro, mas todos ficavam perplexos, pois nunca tinham tido conhecimento de uma união desse tipo na natureza selvagem. Embora os filhotes de leão às vezes

SAMBURU NATIONAL RESERVE

Situada ao longo do Rio Ewaso Nyiro, no Quênia, essa reserva da fauna selvagem ostenta uma abundância de espécies raras, como a zebra de Grevy, o avestruz da Somália, a girafa reticulada, o gerenuk ou gazela-girafa e o órix beisa ou órix do Leste da África (o tipo de órix adotado pela leoa desta história).

"brinquem" durante algum tempo com um animal capturado antes de comê-lo, essa situação não parecia uma brincadeira. "Kamunyak e o antílope são efetivamente um paradoxo... A intimidade deles desafia as leis da natureza", declarou Saba. E os dois provavelmente iriam morrer devido a ela.

Os habitantes da localidade queriam ajudar os animais, tentar alimentá-los, preservar a maravilhosa dupla. Uma tentativa de dar carne à leoa falhou; ela simplesmente não deu atenção ao que estavam lhe oferecendo e voltou a dormir. Mas o relacionamento logo terminaria. Em um dia quente, enquanto Kamunyak, enfraquecida, descansava na relva, o órix desgarrou-se dela, e um leão o arrebatou e levou embora. Kamunyak levantou-se de um salto e os seguiu, mas foi impotente para ajudar. Ela farejou o sangue do "seu bebê" na relva, e em seguida agachou-se e ficou observando o macho devorá-lo.

No dia seguinte, como se de repente tivesse sido arrancada do seu estranho devaneio, a leoa finalmente voltou a caçar, saciando a fome com um javali africano e recuperando as forças. No entanto, ela não retomou a vida normal de um leão. Observadores dizem que nos meses seguintes, Kamunyak adotou filhotes de órix mais cinco vezes – sempre por breves períodos – até que finalmente desapareceu na região, o que contribuiu para o mistério.

O que havia por trás dessa extraordinária situação? Sabe aventa que a leoa se desgarrou do seu bando em uma idade crítica no seu desenvolvimento. "O seu trauma provavelmente alimentou a sua peculiar obsessão." Independentemente do que possa ter estimulado o comportamento do grande felino, Kamunyak permanece para sempre um enigma para os cientistas behavioristas e uma bela curiosidade para o restante de nós.

ÓRIX DO LESTE DA ÁFRICA

REINO: Animalia
FILO: Chordata
CLASSE: Mammalia
ORDEM: Artiodactyla
FAMÍLIA: Bovidae
GÊNERO: Oryx
ESPÉCIE: Oryx beisa

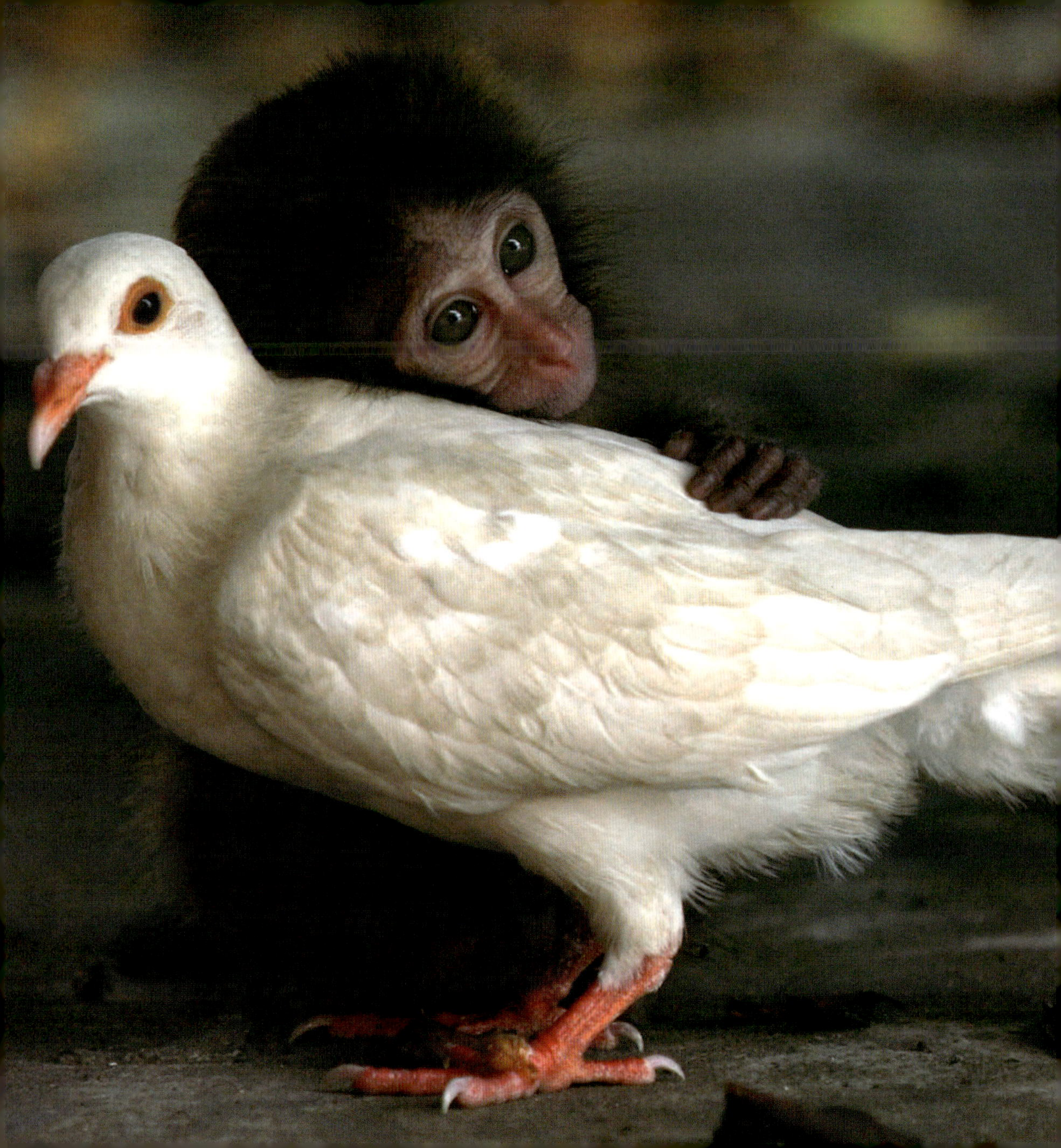

{CHINA, 2007}

O macaco e a pomba

EM UMA ILHA ABRIGADA NO ESTUÁRIO DO RIO DAS PÉROLAS, NA PROvíncia de Guangdon, perto da costa meridional da China, o macaco-rhesus é rei. Várias centenas desses macacos, que são protegidos por lei, junto com os pangolins e as jiboias, vivem na Neilingding Island-Futian National Nature Reserve, um refúgio de fauna selvagem de oitocentos hectares, com um manguezal exuberante. Foi ali que um desses macacos fez uma inesperada amizade emplumada.

De acordo com Luo Hang, que dirige o posto de proteção animal na ilha montanhosa, em um certo dia de setembro de 2007, uma pomba branca pousou no chão perto do posto, e ficou por ali. Ela parecia ter perdido o parceiro. As pombas brancas são frequentemente consideradas símbolos de paz e de longa vida, e Luo e a sua equipe acolheram com prazer o animal. Adotaram o pássaro, que calcularam ter cerca de 3 anos de idade, alimentando-o

> **MACACO-RHESUS**
> REINO: Animalia
> FILO: Chordata
> CLASSE: Mammalia
> ORDEM: Primates
> FAMÍLIA: Cercopithecinae
> GÊNERO: Macaca
> ESPÉCIE: *Macaca mulatta*

com grãos de milho e mantendo-o em uma gaiola de ferro no posto. O pássaro tinha um anel de metal na perna, de modo que Luo pressupôs que ele fizesse parte de um estudo de migração de pássaros e deveria ser libertado na mudança da estação.

Enquanto patrulhava a ilha – famosa não apenas pelo seu parque natural mas também por ter recebido o primeiro navio europeu que sabidamente chegou à China em 1513 –, um dos membros da equipe da reserva deparou com um macaquinho. O animal estava sozinho, estressado e muito fraco. Não tinha mais de três meses de idade; era jovem demais para sobreviver sozinho na floresta e extremamente vulnerável a jiboias e outros predadores. A equipe da reserva levou o animalzinho, que estava de olhos arregalados e agarrando-se às pessoas, para o posto, onde ele logo conheceu e se identificou com o visitante emplumado que lá já residia.

Durante dois meses, o macaco e a pomba dividiram um espaço e encantaram a equipe e os visitantes. Eles lanchavam milho. O macaco revirava pedacinhos nas suas pequenas mãos enquanto mordiscava; o pássaro bicava os pedaços que caíam atrás dele. O macaco guinchava; a pomba arrulhava. E à noite dormiam juntos na gaiola, cada um servindo de travesseiro e cobertor para o outro. Luo Hang fez o seguinte comentário: "O macaco algumas vezes era travesso e parecia ridicularizar a pomba", mas também demonstrava afeto. "Seria bom que a pomba tivesse mãos para poder retribuir os abraços." Era uma cena prazerosa, e as pessoas

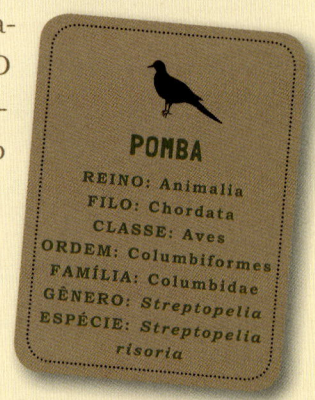

> **POMBA**
> REINO: Animalia
> FILO: Chordata
> CLASSE: Aves
> ORDEM: Columbiformes
> FAMÍLIA: Columbidae
> GÊNERO: *Streptopelia*
> ESPÉCIE: *Streptopelia risoria*

vinham de toda parte para ver a maneira como os parceiros daquela estranha dupla viviam juntos e cuidavam um do outro.

    Mas os membros da equipe sabiam que os animais viveriam melhor na natureza, de modo que se prepararam para libertá-los. A pomba foi solta primeiro, e voou para longe. Luo voltou então ao local onde o macaco tinha sido encontrado, e ficou feliz ao encontrar a família do animal novamente no seu território. O macaquinho se reuniu ao bando sem nenhuma dificuldade. Agora que macaco e pássaro voltaram aos respectivos ambientes naturais, só nos resta imaginar se os seus caminhos irão se cruzar no futuro. Se isso acontecer, haverá um gesto de reconhecimento?

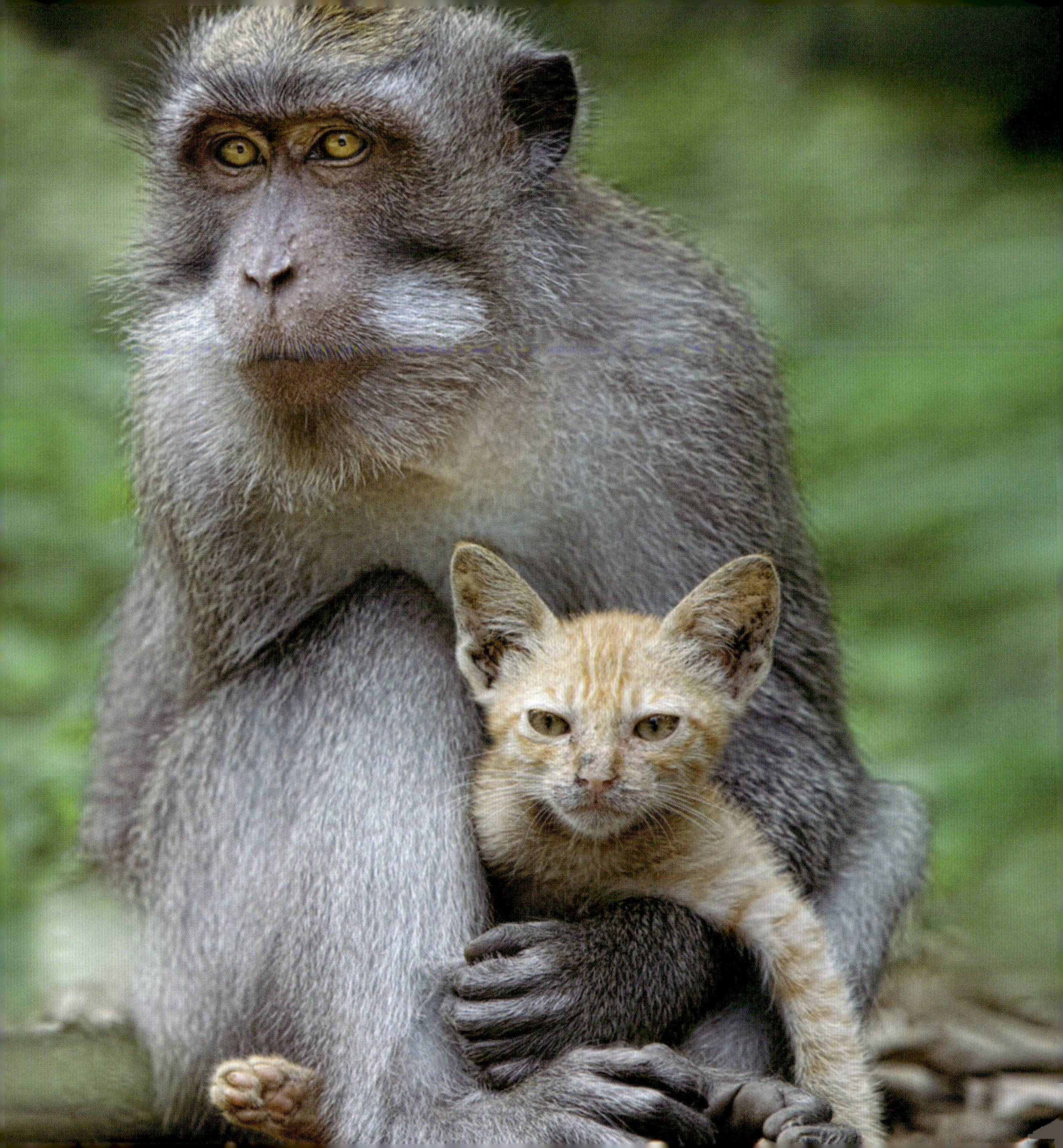

{Indonésia, 2010}

O macaco e o gatinho

Existe uma floresta sagrada na cidade de Ubud, na ilha Indonésia de Bali, onde os macacos perambulam livremente sobre as pedras de um templo hindu, construído há muitos séculos. Os primatas são macacos de cauda longa, e muitos habitantes da aldeia da localidade acreditam que eles protejam o local contra os maus espíritos.

Recentemente, um dos macacos conduziu seu instinto de proteção a uma tarefa mais secular, ou seja, proteger um gatinho briguento que havia se desgarrado e ficado ao alcance das suas mãos.

Como mais de trezentos macacos vivem em quatro bandos separados (grupos territoriais) em uma área relativamente pequena, é compreensível que eles às vezes encontrem outros animais perambulando pelo terreno do templo. No entanto, o vínculo que esse macaco particular formou com esse gatinho específico pareceu extraordinário para as pessoas que o testemu-

> **MACACO-DE-CAUDA-
> -LONGA**
> REINO: Animalia
> FILO: Chordata
> CLASSE: Mammalia
> ORDEM: Primates
> FAMÍLIA: Cercopithecinae
> GÊNERO: Macaca
> ESPÉCIE: Macaca fascicularis

nharam. Anne Young, que na ocasião estava de férias visitando a Floresta do Macaco Sagrado, foi uma dessas testemunhas.

"Os dois estavam juntos há alguns dias, e sempre que a equipe do parque tentava capturar o gatinho, este corria de volta para junto do macaco", comenta Anne. O macaco, um jovem macho, acariciava o amigo felino, abraçava-o e esfregava o focinho nele, e até mesmo recostava a cabeça na cabeça do gatinho como se fosse um travesseiro. Embora essa espécie de macaco seja bastante sociável – e com frequência viva sem medo em estreito contato com as pessoas –, esse queria guardar o seu gatinho de estimação para si mesmo. Ele passou a desconfiar de todos os primatas ao seu redor, e se outros macacos se aproximavam demais, ele tentava esconder o seu troféu – certa vez até mesmo cobrindo-o com um pedaço de folha – ou então subia para um lugar mais elevado ou penetrava na floresta com o gatinho nos braços.

Nesse ínterim, este último teve inúmeras oportunidades de escapar do domínio do macaco, "mas não fez nenhuma tentativa nesse sentido", afirma Anne. Ele parecia satisfeito em ser carregado de um lado para o outro no braço do animal de maior porte.

Os macacos-de-cauda-longa vivem em uma rígida hierarquia social na qual os machos precisam demonstrar que são merecedores da atenção das fêmeas, e este bando não era uma exceção. O macho que adotou o gatinho não era um "macho alfa", ou líder, entre a sua espécie, e provavelmente não estava

> **A FLORESTA DO MACACO SAGRADO DE UBUD**
> Uma atração turística popular em Bali, a Floresta do Macaco Sagrado contém pelo menos 115 diferentes espécies de árvores que proporcionam um lar e proteção para mais de trezentos macacos.

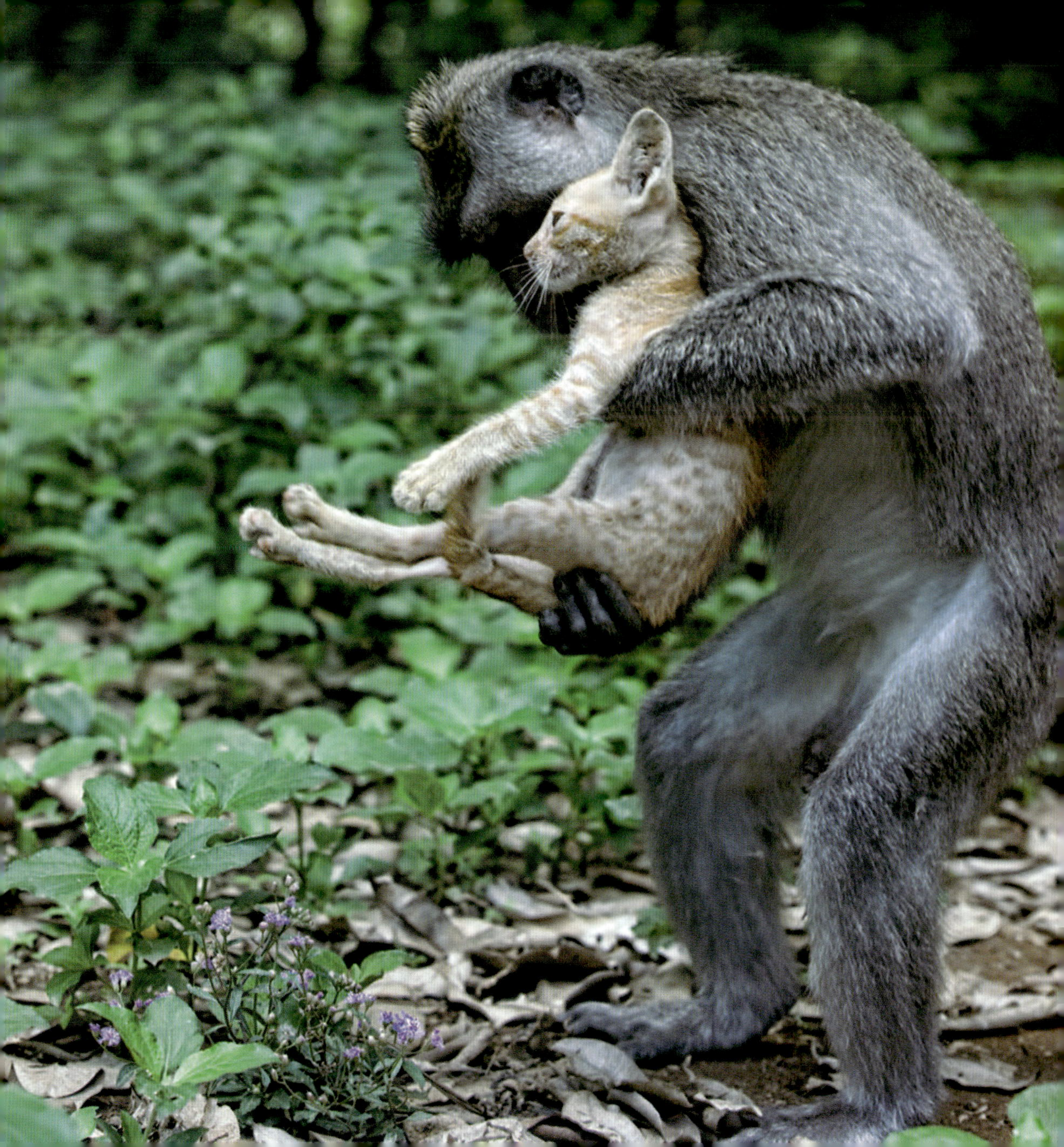

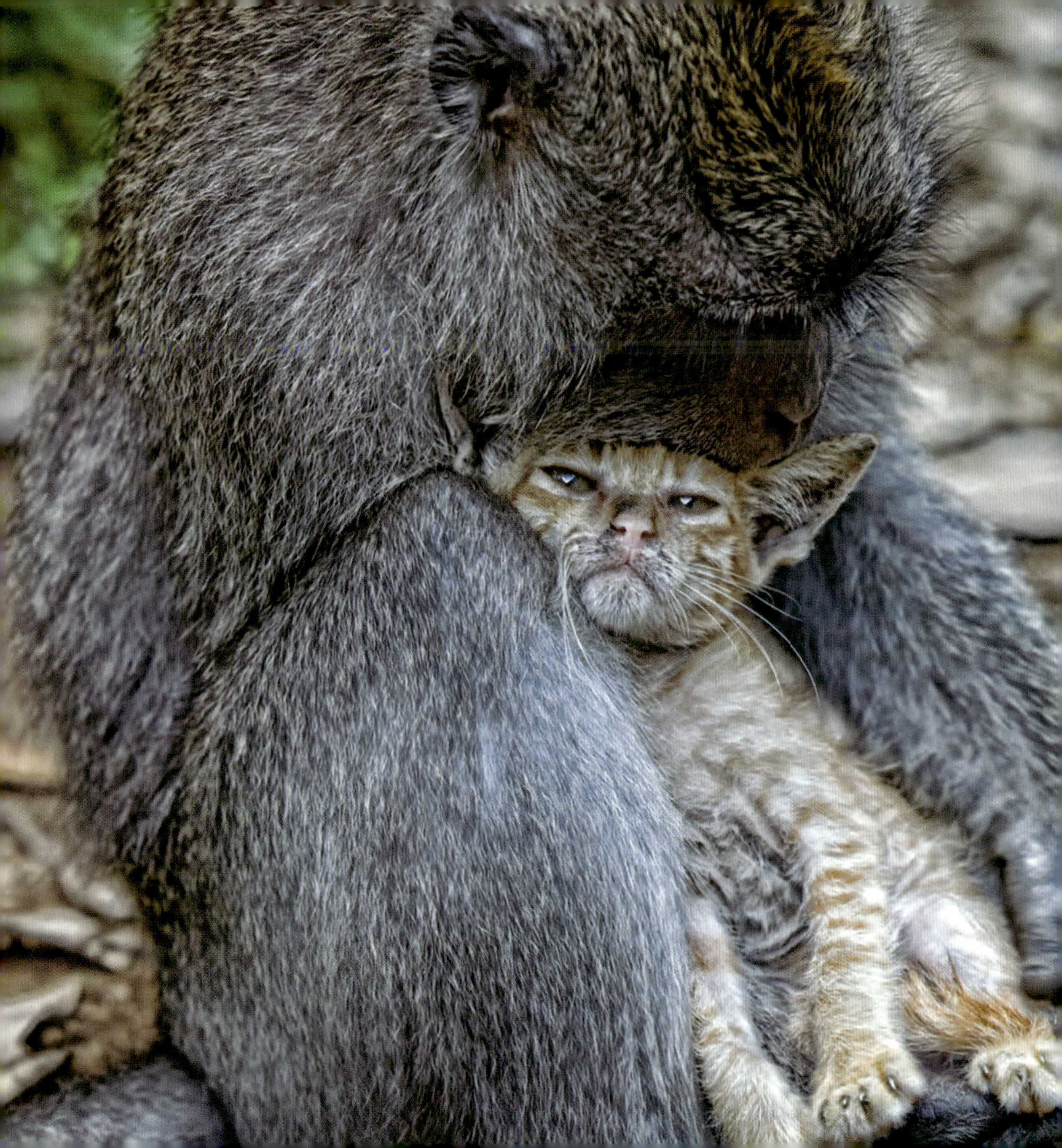

recebendo muito afeto dos outros macacos. E certamente tampouco estava recebendo muito afeto dos seres humanos, pois os macacos se tornaram uma espécie de estorvo em Ubud, pois eles perambulam pelos arrozais ou pelas aldeias fora dos limites da Floresta e causam danos a propriedades particulares.

O gatinho também parecia solitário, e podia estar igualmente desejoso de atenção e companheirismo. Por sorte tanto do primata sem companheira quanto do felino desabrigado, eles encontraram um no outro o que precisavam, nas ruínas do templo em Ubud.

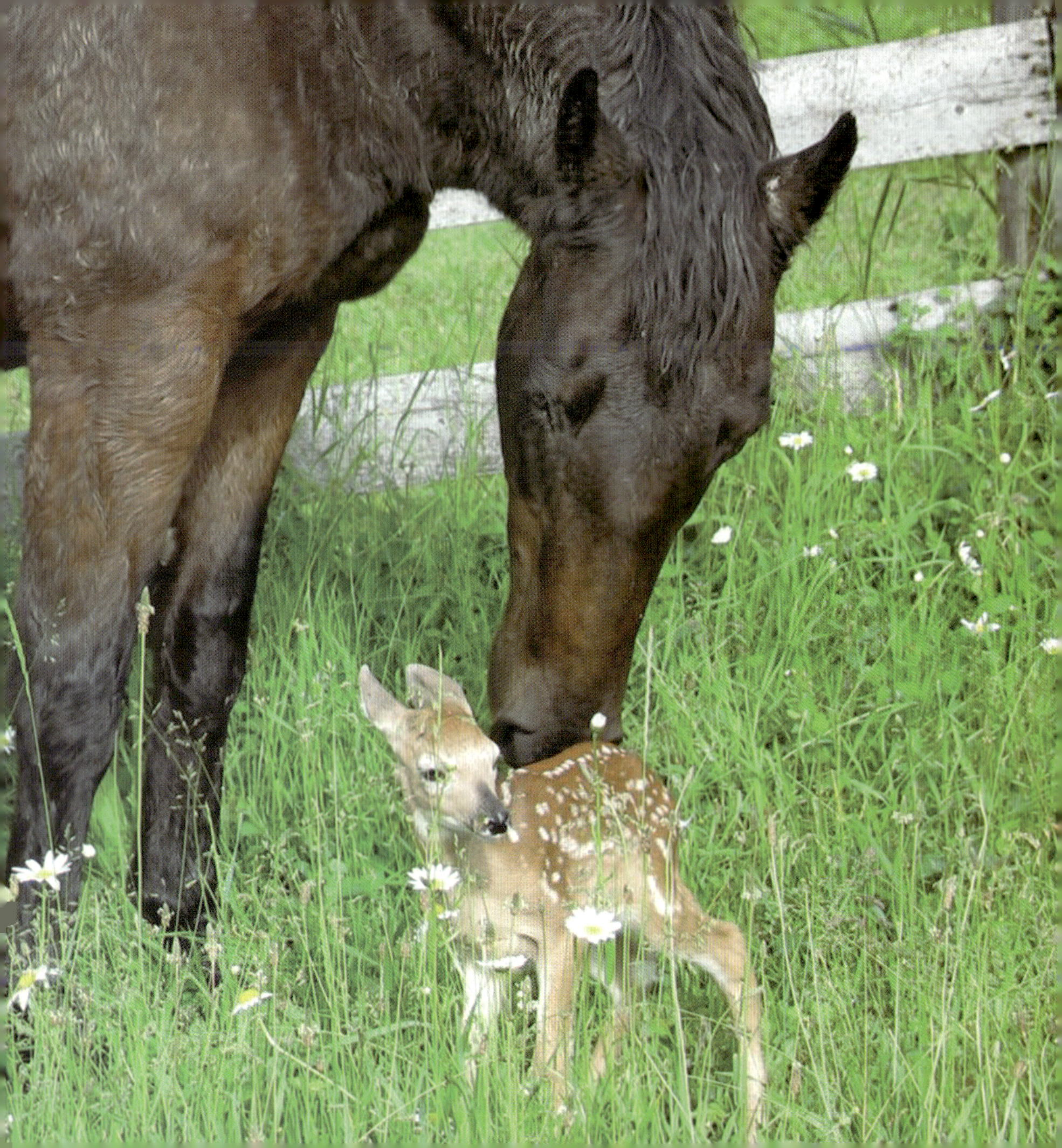

{Montana, EUA, 2006}

A égua e o veadinho

Bonnie, uma égua quarto de milha Morgan, tinha apenas 10 meses de idade quando foi morar na fazenda da família Muth em Montana. Ela era adorada por todos, mas especialmente por Denise, que tinha na época 12 anos e era amante de animais. Denise tornou-se imediatamente amiga de Bonnie e passou seis anos felizes estreitamente ligada ao animal.

Em uma manhã de nevasca, depois que completou 18 anos, Denise morreu em um trágico acidente de carro, deixando os pais inconsoláveis. Bob Muth diz que, por ser a melhor amiga de Denise e um querido membro da família, Bonnie tornou-se o elo vivo com a sua filha.

À medida que a égua foi envelhecendo, o seu temperamento afável se transformou em algo ainda mais meigo. "Ela era o animal mais carinhoso que eu já conheci", afirma Bob. "Bonnie teria entrado dentro de casa se tivesse dado um jeito de transpor os degraus da entrada."

Assim sendo, talvez os seus atos naquele dia de primavera, embora extraordinários, não tenham sido afinal tão surpreendentes.

Dois coiotes tinham montado um covil na periferia de um campo na fazenda da família Muth, e naquele ano, ao se acasalarem, geraram apenas um filhote. Um suprimento abundante de esquilos terrícolas manteve os animais bem alimentados ao longo da estação. Na primeira semana de junho, Bob olhou, por acaso, pela janela da cozinha e avistou uma cerva dando à luz no estábulo ao lado do celeiro.

Os coiotes também a viram, e logo ficou claro que tinham a intenção de afastar o veadinho da mãe. "O coiote fêmea tentou distrair a cerva e fazer que esta a perseguisse enquanto o seu filhote rondava atrás em círculos", escreveu Bob depois do incidente. "Corri para fora para 'interferir' na natureza", mas antes que ele pudesse fazer qualquer coisa, Bonnie interveio. Bob ficou observando, deslumbrado, enquanto a égua se colocava entre os coiotes e o veadinho para protegê-lo. E para seu alívio, com Bonnie sobranceira sobre o minúsculo animal, os coiotes desistiram da presa e foram embora. "Ela nem mesmo teve que enxotá-los. Eles sabiam que não tinham a menor chance", acrescentou Bob.

Quando o perigo passou, Bonnie emitiu um suave relincho e se inclinou para lamber o recém-nascido como se ela própria tivesse acabado de parir um potro, empurrando delicadamente o veadinho com o focinho para que ele ficasse em pé. "O veadinho na realidade tentou mamar em Bonnie e pareceu um pouco frustrado pelo fato de ela ser alta demais", relembra Bob.

**VEADO-DE-CAUDA-
-BRANCA**

REINO: Animalia
FILO: Chordata
CLASSE: Mammalia
ORDEM: Artiodactyla
FAMÍLIA: Cervidae
GÊNERO: *Odocoileus*
ESPÉCIE: *Odocoileus virginianus*

O encontro durou cerca de vinte minutos. A cerva, respirando pesadamente, exausta por causa do parto, observava tudo a poucos metros de distância. Depois de recuperada e capaz de se levantar, ela bufou em um sinal para o filhote e avançou em direção à cerca, olhando para trás para ter certeza de que o pequenino a estava seguindo. A cerva saltou a cerca e o veadinho se comprimiu por debaixo dela, e partiram juntos. "Bonnie se inclinou por sobre a cerca, observando e relinchando", conclui Bob.

Bob vibrou com o comportamento carinhoso e compassivo da sua égua, embora não esperasse menos do meigo animal que levou tanta alegria à sua família e os ligou à filha que tinham perdido.

CAVALO QUARTO DE MILHA MORGAN
REINO: Animalia
FILO: Chordata
CLASSE: Mammalia
ORDEM: Perissodactyla
FAMÍLIA: Equidae
GÊNERO: *Equus*
ESPÉCIE: *Equus ferus caballus*

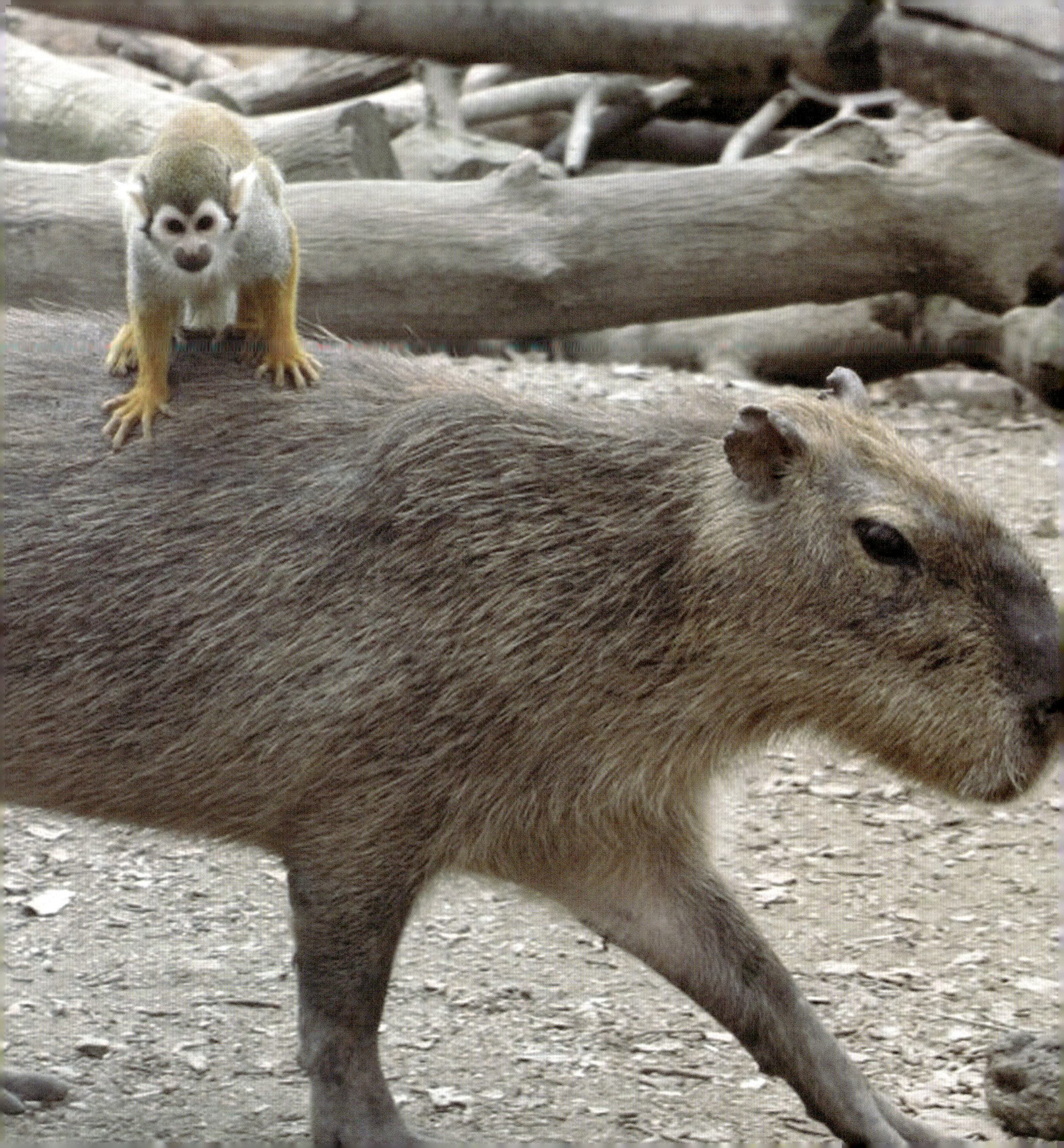

{Tóquio, Japão, 2007}

Os macacos e as capivaras

UM ESTÁ EM CIMA, O OUTRO ESTÁ EMBAIXO. O ATIVO MACACO-DE-
-cheiro salta de árvore em árvore em cima; a capivara, o maior roedor da América do Sul (uma espécie de porquinho-da-índia de tamanho desproporcionado), se desloca embaixo, através dos pastos, ou chafurda em cursos-
-d'água. Zoológicos em diferentes partes do mundo descobriram que esses dois animais podem se dar muito bem, mesmo quando se encontram no meio do caminho.

Em alguns dos lugares mais agrestes da América do Sul, os animais compartilham um hábitat – áreas densamente cobertas de florestas perto de massas de água. Assim sendo, talvez não seja totalmente anormal eles se encontrarem frente a frente na natureza. Convenientemente para o cenário de um zoológico, não há competição pelo espaço. Cada um ocupa um nicho dife-

> **MACACO-DE-CHEIRO**
> REINO: Animalia
> FILO: Chordata
> CLASSE: Mammalia
> ORDEM: Primates
> FAMÍLIA: Cebidae
> GÊNERO: Saimiri
> ESPÉCIE: Simia sciureus

rente. Lembre-se: um fica em cima, o outro fica embaixo. Entretanto, quando estão próximos, algumas coisas estranhas acontecem.

Embora ninguém que estivesse viajando pela Bacia do Rio Amazonas jamais tenha relatado ter visto macacos montados em capivaras ou perseguindo-as e agarrando-se às suas patas, é isso o que acontece no Zoológico Tobu, perto de Tóquio, no Japão. Dizem até mesmo que os macacos usam os roedores como apoio para alcançar as árvores, tiram cochilos nas costas deles e "beijam" a cabeça gigantesca dos roedores.

"Às vezes um macaco-de-cheiro abre à força a boca de uma capivara como se estivesse perguntando, 'O que você está comendo?', diz o zelador-chefe do zoológico, Yasuhiro Shimo. "As capivaras são animais afáveis e parecem na maioria das vezes desinteressadas. Os macacos, por outro lado, apreciam muito o contato físico e são brincalhões." Apenas ocasionalmente "a capivara pode ficar aborrecida e se sacudir para tirar o macaco das suas costas."

Embora os seus níveis de energia levem a crer que eles sejam o oposto um do outro, com o macaco sendo frenético e rápido – saltando mais de dois metros entre galhos delgados – e a capivara, lenta e estacionária, essas espécies na verdade compartilham algumas características. Ambos são tipos sociais que vivem em grupos de até cem indivíduos da própria espécie. Ambos gostam de frutas (embora os macacos também comam insetos), e ambos são muito sonoros – os macacos "cacarejando"

> **CAPIVARA**
> REINO: Animalia
> FILO: Chordata
> CLASSE: Mammalia
> ORDEM: Rodentia
> FAMÍLIA: Hydrochaeridae
> GÊNERO: Hydrochoerus
> ESPÉCIE: Hydrochoerus hydrochaeris

com os filhotes ou os parceiros e guinchando quando se sentem ameaçados, e os roedores ronronando, guinchando e grunhindo conforme exige a situação.

No entanto, apesar de algumas semelhanças, misturar essas espécies nem sempre é um processo que transcorre suavemente. Outro zoológico japonês que combina os dois teve um incidente anos atrás quando um macaco assustou uma capivara, e o roedor, infelizmente, defendeu-se, matando o macaco com uma mordida no pescoço. Entretanto, os administradores do zoológico acreditam que esse tenha sido um evento único, pois nunca haviam presenciado a agressão entre os animais e tampouco a testemunham posteriormente. Quase sempre, todos se dão muito bem.

E em Tobu, o local onde estão expostos o macaco e a capivara é um dos prediletos dos visitantes. "É difícil deixar de sorrir enquanto observamos a suave capivara e o levado macaco-de-cheiro", comenta o zelador. "Os espectadores adoram especialmente o "táxi capivara levando o macaco para dar uma volta."

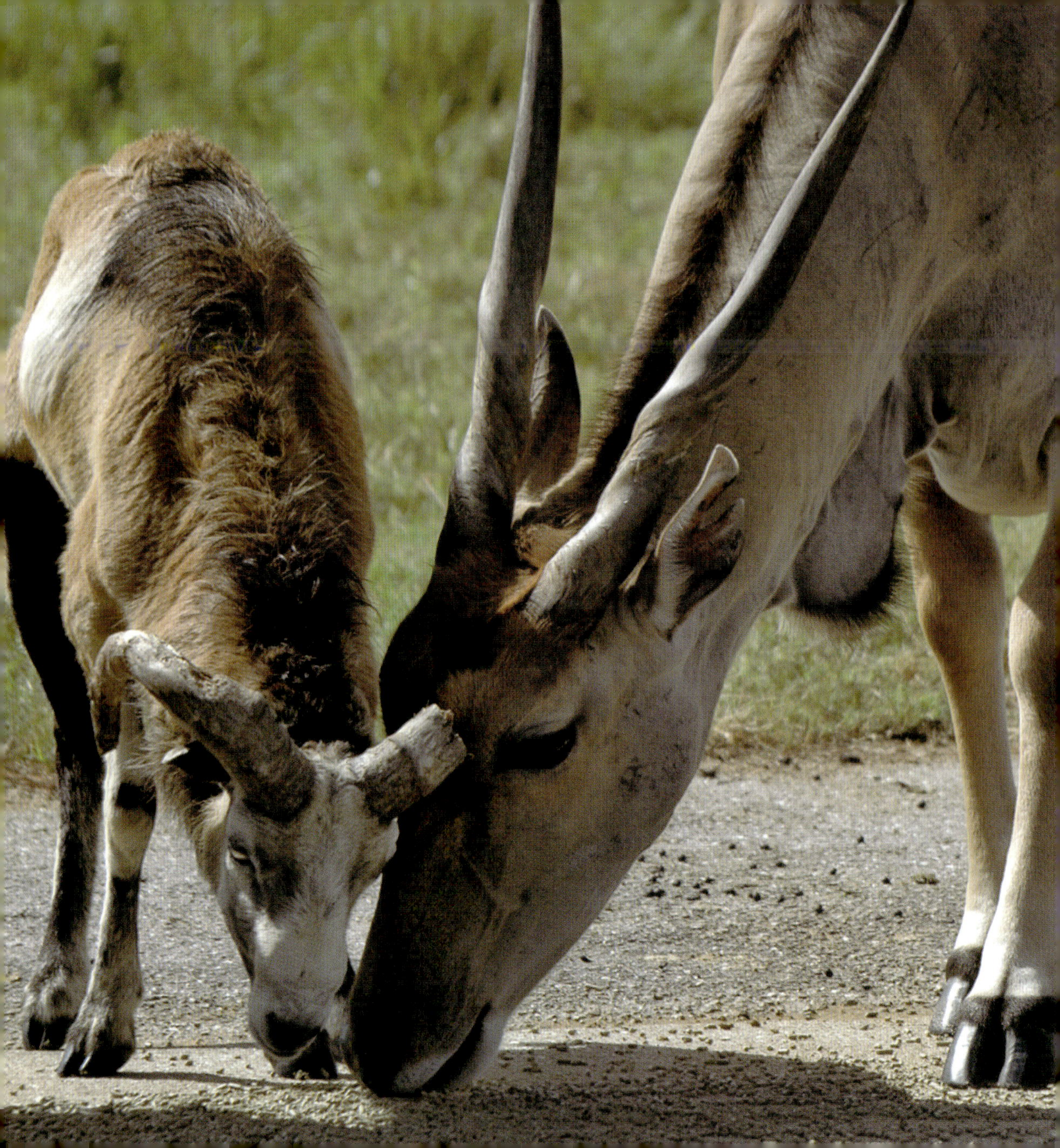

{FLÓRIDA, EUA, 2010}

O muflão e o elã

A não ser que ande sobre cascos, o que a maioria de nós não faz, você talvez não saiba exatamente o que é um muflão. Parece um tipo de penteado. E um elã ou cefo? Alguém sabe?

Acontece que o muflão é o menor dos carneiros selvagens coríferos. Ele se esconde em escarpadas regiões florestais em lugares como o Iraque e o Irã. O mamífero foi introduzido em várias ilhas mediterrâneas e na Europa continental há muito tempo, e mais recentemente em ranchos nos Estados Unidos para caça.

Temos então o elã, também chamado de cefo, um antílope que percorre as planícies abertas da África. O herbívoro passa o tempo ao lado de, às vezes, centenas de companheiros, embora não pareça estabelecer vínculos estreitos na natureza selvagem e não raro deixa um rebanho para se reunir a outro.

Mas quando um muflão macho encontrou um elã fêmea há mais de quinze anos no Lion Country Safari Park em Palm Beach County, Flórida, a formação de um estreito vínculo foi inevitável. Foi o início de uma história de amor permanente entre um rapaz e uma moça, afirma Terry Wolf, diretor de fauna selvagem do parque, "ou seja, se você acreditar que animais são capazes de sentir amor e não apenas luxúria!"

O muflão é um velho macho que foi um dom-juan ungulado na juventude, com muitas parceiras da sua espécie. Mas o que faz um carneiro solitário que vive entre os elãs?

"Ele segue esse elã fêmea apaixonadamente!", declara Terry. "Quando ela para para pastar, ele bate delicadamente com a pata da frente na perna de trás dela, como se tentando convencê-la a descer ao seu nível. Afinal de contas, ele é bem mais baixo do que ela." E quando ela se deita, o carneiro age como um cavalheiro, deitando-se quieto perto dela.

Somente essa elã especial captou a atenção do carneiro; ele nunca se interessa pelas outras fêmeas. "As pessoas acham que a relação deles é encantadora", comenta Terry, "mas obviamente não vai dar em nada". E como o muflão já ultrapassou a sua expectativa de vida de vinte anos, ele já não acompanha a namorada como antes, o que torna os seus assédios menos eficazes.

A elã, da sua parte, pode se mostrar desinteressada – ficando parada ruminando, de costas para o seu pretendente – mas parece bastante contente por ser admirada. "Acho que o muflão fica feliz simplesmente porque ela o tolera", diz Jerry. "Mas o mais importante para nós é que ela o mantém ativo, motivo pelo qual ele ainda está vivo e saudável."

ELÃ
REINO: Animalia
FILO: Chordata
CLASSE: Mammalia
ORDEM: Artiodactyla
FAMÍLIA: Bovidae
GÊNERO: *Taurotragus*
ESPÉCIE: *Taurotragus oryx*

MUFLÃO
REINO: Animalia
FILO: Chordata
CLASSE: Mammalia
ORDEM: Artiodactyla
FAMÍLIA: Bovidae
GÊNERO: *Ovis*
ESPÉCIE: *Ovis aries*

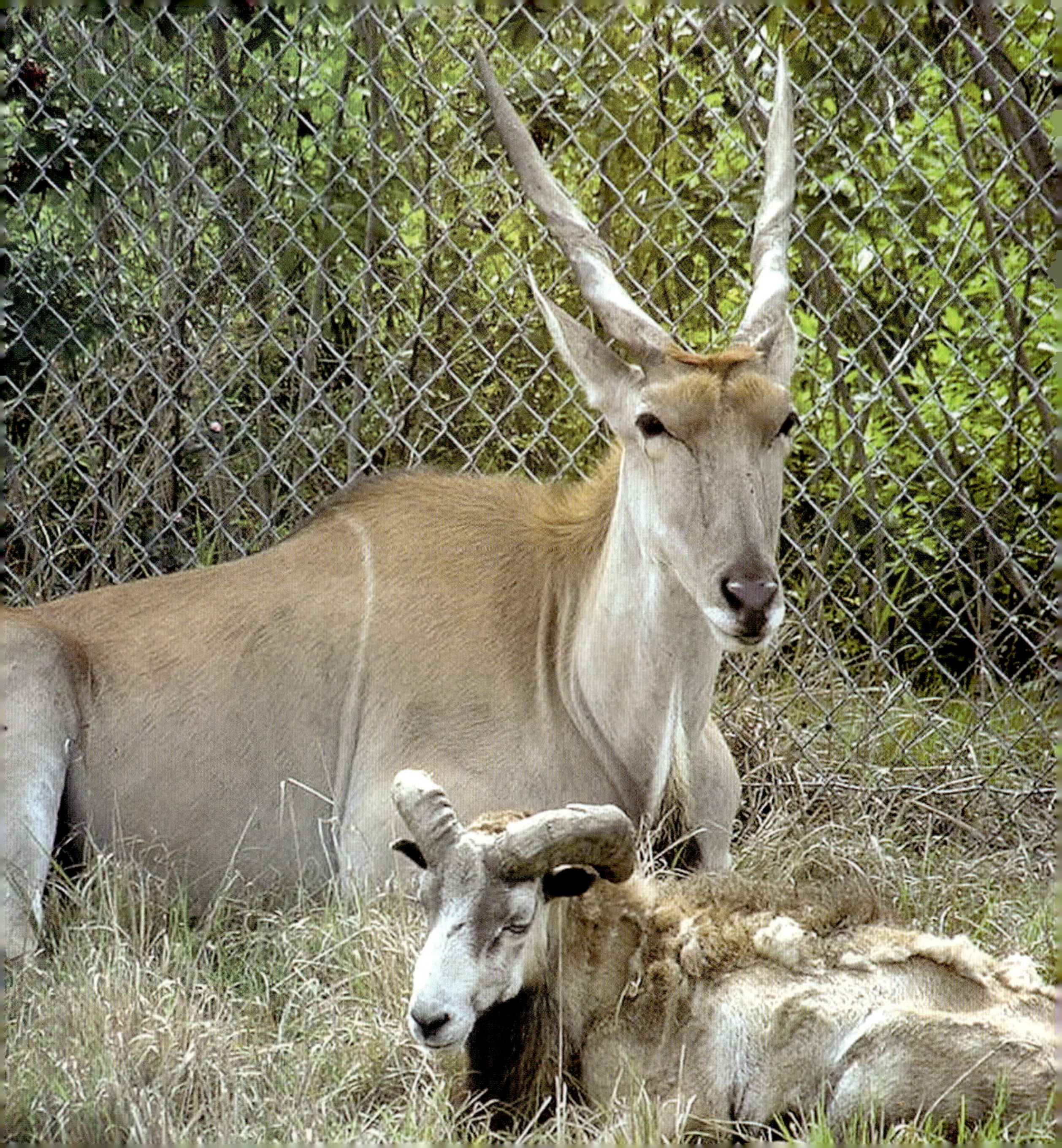

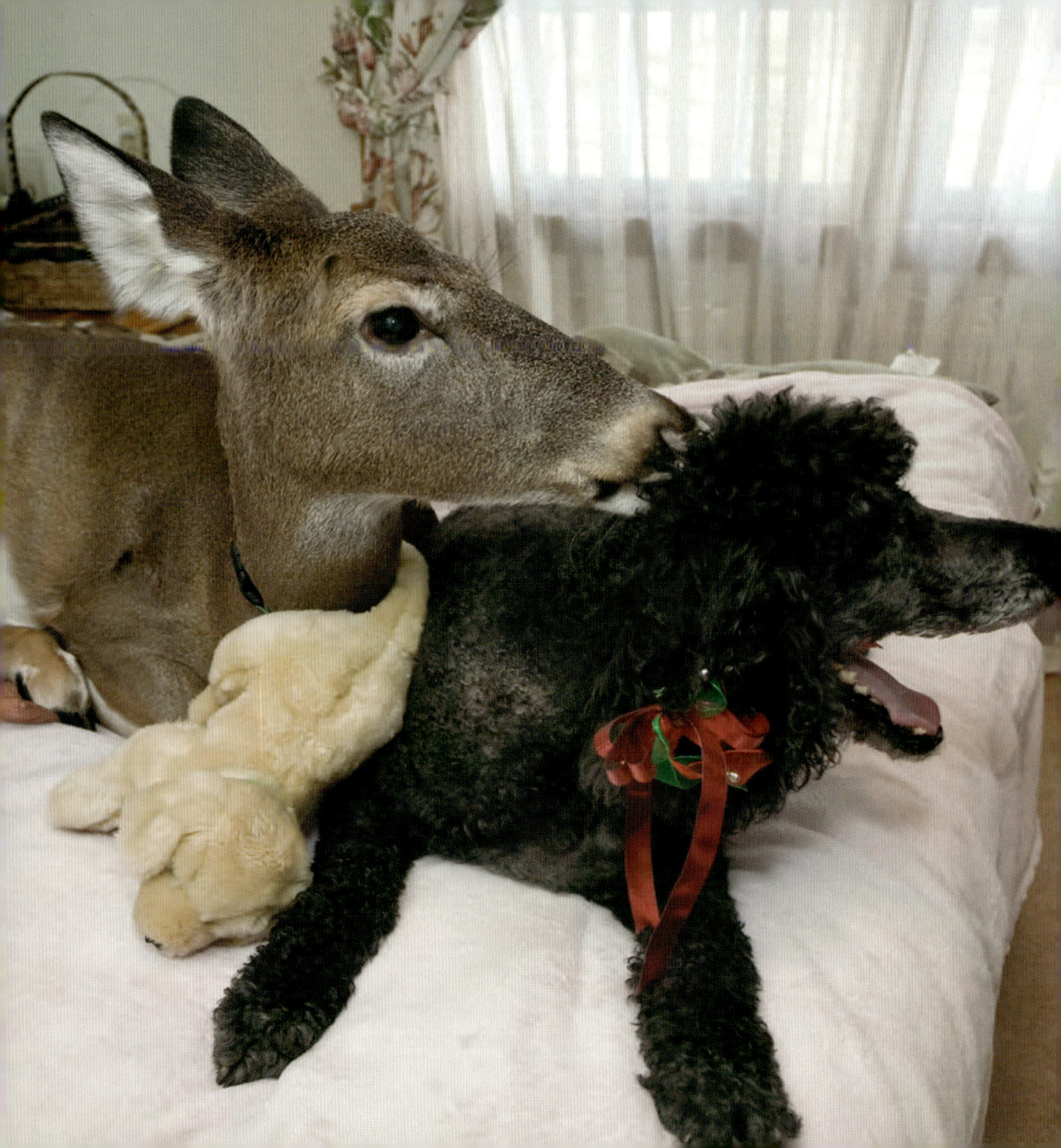

{Ohio, EUA, 2009}

A cerva míope e o poodle

Quero apresentá-lo a Dillie, a "cerva doméstica" amante de camas e cachorros, que se tornou um membro grandalhão da coleção de animais da veterinária Melanie Butera no subúrbio de Ohio.

Quando a cerva de cauda branca criada em fazenda deu entrada no Elm Ridge Animal Hospital em Canal Fulton, Ohio, ela era um animalzinho muito doente, incapaz de comer ou ficar em pé sobre as pernas magras. Também era praticamente cega devido a um defeito de nascença. Melanie acabou decidindo cuidar dela em casa, casa esta que já era extremamente populosa, já que nela habitavam um marido, dois filhos, a cadela poodle Lady, os gatos Spaz e Neffie, e o pássaro Screamie, sem mencionar um curral cheio de animais do lado de fora.

Com exceção de Screamie, cujo primeiro contato com Dillie foi desastroso, pois esta agarrou o pássaro pelas penas da cauda e jogou-a para cima,

> **POODLE**
> Uma das raças mais populares nos Estados Unidos, o poodle é considerado um cão excepcionalmente inteligente e fácil de ser treinado. Originalmente desenvolvido como cão de caça de aves aquáticas, o poodle é conhecido pelo seu pelo denso e crespo.

todos os membros da casa se afeiçoaram a Dillie. Os gatos veem com bons olhos o calor do corpo dela quando se enroscam ao seu lado e ficam satisfeitos quando a cerva os lambe da cabeça ao rabo. Mas Lady é a melhor amiga de Dillie. Melanie diz o seguinte: "Lady foi um grande conforto para Dillie nas primeiras semanas, pois deixava que a assustada veadinha se deitasse ao seu lado no sofá ou na cama enquanto ela a lambia. Agora, Dillie lambe a cadela no cangote e, às vezes, mordisca as orelhas dela." Quando ela faz isso, "Lady pode rosnar de leve e brincar de morder a cerva", mas a reação não causa nenhum dano. Como brincadeira, Lady gosta de roubar animais de pelúcia de Dillie e carregá-los orgulhosamente de um lado para o outro, deixando-os finalmente no caminho da cerva para que ela tropece neles mais tarde.

Há também um pouco de travessuras de cadela e cerva a relatar. Apesar da deficiência visual de Dillie, seguindo instruções de Lady, ela pega pacotes de guloseimas nas prateleiras altas para as duas engolirem. Lady tenta roubar comida de Dillie, que se revelou possuidora de um paladar surpreendentemente sofisticado que inclui a apreciação de espaguete, sorvete, café com um pouco de leite, e, como um regalo especial, rosas (que ela mastiga como se fosse um bombom). Além disso, é claro, como os veados costumam fazer, ela destrói todas as plantas do jardim da família Butera enquanto Lady descansa ociosa por perto.

> **VEADO-DE-CAUDA-BRANCA**
> REINO: Animalia
> FILO: Chordata
> CLASSE: Mammalia
> ORDEM: Artiodactyla
> FAMÍLIA: Cervidae
> GÊNERO: Odocoileus
> ESPÉCIE: Odocoileus virginianus

Durante algum tempo, tanto Dillie quanto Lady tentavam compartilhar a cama da sua dona à noite. "Sou uma criatura noturna", declara Melanie, "de modo que eu ia para a cama depois que todo mundo já tinha se acomodado, e às vezes eu não conseguia nem mesmo encontrar um lugar para me deitar". Ela também sofria com os cascos da cerva pressionando as suas costas. Por sorte, os animais resolveram o problema sozinhos. Por sentir que o espaço estava apertado, Lady passou a dormir em uma cama extra que havia no quarto, e Dillie se apoderou de um quarto de hóspedes em outra parte da casa. Hoje, Lady com frequência se junta à cerva no quarto "dela" para tirar um cochilo, mesmo quando todas as camas estão livres.

Curiosamente, Dillie tem medo de outros cães, até mesmo de filhotinhos. "Ela arrepia o rabo e pisoteia" se qualquer cachorro que não seja Lady se aproximar demais, diz Melanie. Mas ela nunca teve essa reação com Lady. "Dillie foi criada com ela e a considera parte da família."

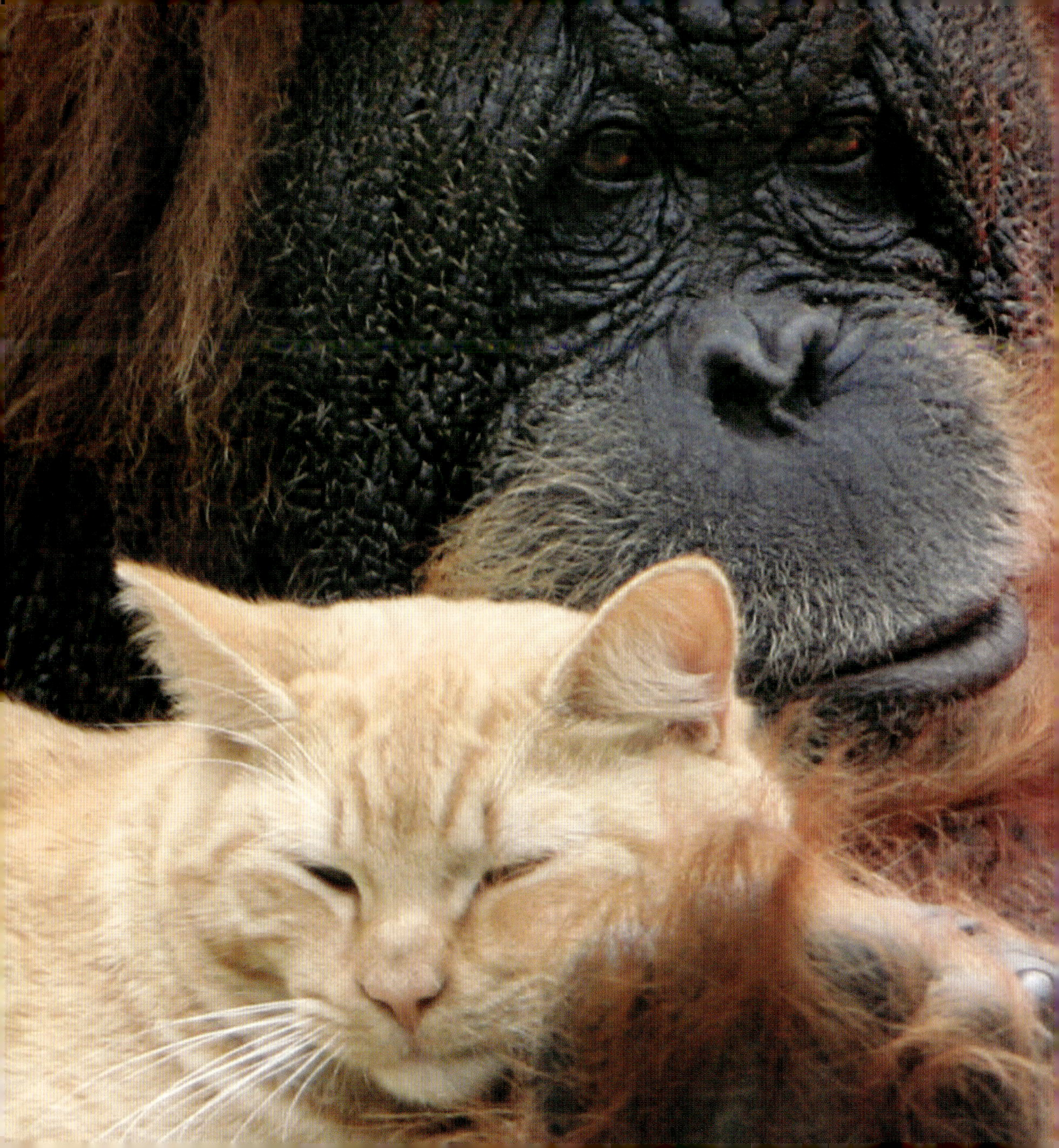

{Flórida, EUA, 2008}

O orangotango e o gatinho

Koko foi notícia, mas a famosa gorila não é o único grande macaco a encontrar conforto em um gato. Examinemos Tonda, a fêmea de orangotango que morou no ZooWorld em Panamá City, na Flórida, durante onze anos. Ela nunca foi conhecida por ter uma natureza meiga; além de ocasionalmente ficar de mãos dadas com o seu parceiro, ou de uma troca eventual de beijos e carícias, os dois não eram extremamente afetuosos. Mas quando o macho morreu, Tonda começou a compreender a sua perda e passou a ter menos apetite e entusiasmo pela vida. A equipe do ZooWorld proporcionava a ela um grande número de atividades para enriquecer os seus dias, como brincar com brinquedos e pintar telas, mas o seu interesse foi cada vez declinando mais e ela se tornou taciturna. Como não havia novos machos disponíveis para a velha menina, os zeladores decidiram procurar para ela um amigo de outra espécie.

> **ORANGOTANGO**
> REINO: Animalia
> FILO: Chordata
> CLASSE: Mammalia
> ORDEM: Primates
> FAMÍLIA: Hominidae
> GÊNERO: Pongo
> ESPÉCIE: Pongo borneo

Um felino ruivo que se tornou conhecido como T. K., ou Tonda's Kitty[1], foi introduzido de uma maneira lenta e segura no mundo do primata. "No início, deixamos que vissem um ao outro mas sem que tivessem contato, para observar como reagiriam", relembra a diretora de educação do zoológico, Stephanie Willard. Depois, permitimos o contato por breves períodos para evitar que Tonda ficasse animada demais. Com o tempo, "ela passou a ficar cada vez mais zangada sempre que o afastávamos", comenta Willard. "Afinal de contas, ele era o gatinho dela!" Assim sendo, "acabamos fazendo a vontade dela e os colocamos juntos para valer. E tão logo o relacionamento teve tempo para se consolidar, eles se tornaram inseparáveis."

T. K. passou a ser tudo para Tonda. Quando não estavam fisicamente em contato, ela sempre ficava de olho nele. Ela o aconchegava em um cobertor na hora do cochilo e sacudia uma palha de milho para ele tentar pegar na hora de brincar. E o carregava nos braços para a cama à noite. T. K., pelo seu lado, "adorava demonstrar carinho pelo primata" esfregando-se nas pernas de Tonda,

---
1. Tradução: Gatinho de Tonda. (N. do T.)

lambendo e mordendo os pés e as mãos dela, e deleitando-se com a eterna atenção de Tonda.

"É preciso ter em mente que Tonda não era um dócil orangotango com quem era fácil lidar", comenta Willard. Os orangotangos podem ser extremamente perigosos, e Tonda tinha muita violência dentro de si. Mas a sua natureza rude para com as pessoas e outras espécies não a impediu de fazer amizade com T. K. "A afinidade entre eles era totalmente genuína, e tinha sido elaborada nas condições deles. A enorme capacidade emocional dos animais não é suficientemente reconhecida", afirma Willard. O mais importante é que "esse vínculo realmente encerrou um significado. Ele fez algo por Tonda tanto no aspecto mental quanto no físico. Salvou a vida dela."

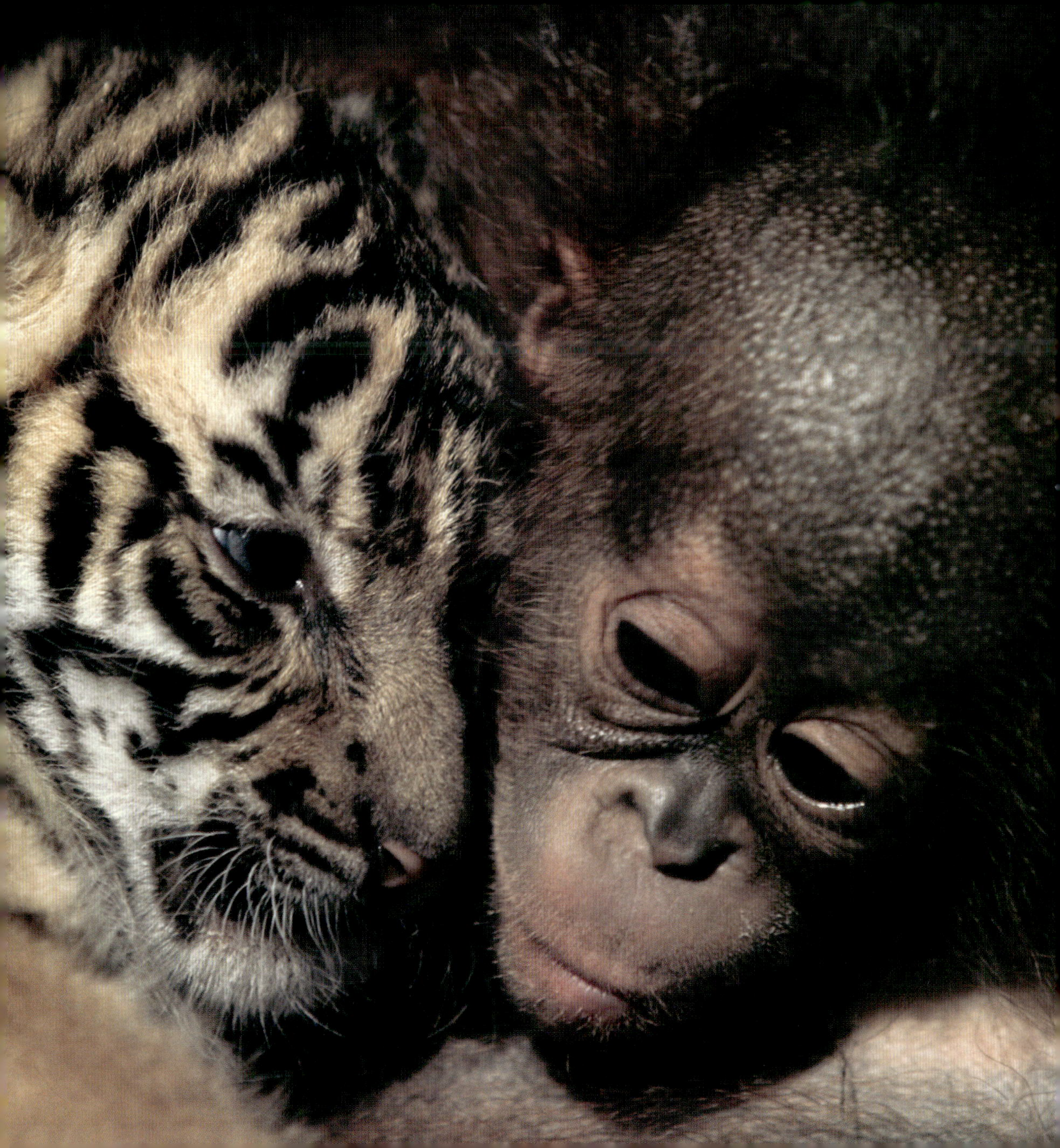

{INDONÉSIA, 2007}

Os bebês orangotangos e os filhotes de tigre

UMA COMBINAÇÃO DE FILHOTES NASCIDOS EM CATIVEIRO ERA O ASsunto do dia no Taman Safari Zoo em Cisarua, Indonésia. Tigres-da--sumatra gêmeos, com um mês de idade, e dois orangotangos poucos meses mais velhos dividiam um quarto na creche de animais do zoológico. Os pais, tanto dos primatas quanto dos felinos, tinham se revelado inadequados ou desinteressados pelos filhotes, de modo que a equipe do zoológico decidiu cuidar de todos como se fossem uma única ninhada.

Quando eram reunidos durante o dia, os orangotangos, Nia e Irma, e os tigres, Dema e Manis, formavam algo que parecia uma turbulenta sala de jardim de infância na hora do recreio. "Como é comum no caso dos filhotes de animais, eles corriam e brincavam juntos", declara o administrador de animais Sharamy Prastiti. "Às vezes, um dos orangotangos arremetia contra a barriga de um dos tigres. Em outras ocasiões, um tigrinho mordia a orelha de um orangotango. Eles adoravam implicar uns com os outros, como fazem as crianças." A hora do cochilo transformava animais turbulentos em uma pilha peluda de bebês que roncavam. Aconchegados e esfregando o focinho uns nos outros, orangotangos e tigrinhos ficavam contentes em estar fisicamente o mais próximo possível uns dos outros.

Os membros da equipe do zoológico começaram a deixar os animais separados por mais tempo nos seus respectivos locais de exibição à medida que eles foram crescendo, e planejavam separá-los por completo quando os filhotes de tigre completassem 5 meses. "Nesse ponto, os tigres são muito maiores do que os orangotangos, podendo ser muito ativos e, às vezes, desobedientes e brutos", afirma Sharamy.

Quando os filhotes finalmente foram separados, "eles não queriam ser independentes; todos davam a impressão de que estavam sentindo falta de alguma coisa. Emitiam sons incomuns, como se estivessem chorando sem derramar lágrimas", diz Sharamy. No entanto, mais ou menos uma semana depois, "eles se acostumaram a ficar sozinhos, adaptando-se à nova situação". Os ex-companheiros agora não têm nenhum contato uns com os outros, e essa separação é apropriada e necessária para mantê-los em segurança. Embora os orangotangos sejam frutívoros, o instinto natural dos tigres, é claro, é caçar e comer carne. Os dias de escola maternal terminaram.

A infância compartilhada parece ter beneficiado todos os envolvidos, mas esses animais também compartilham algo que não pode ser celebrado. Na natureza selvagem, ambas as espécies estão perigosamente ameaçadas. Os tigres-da-sumatra, uma subespécie que vive em estado natural apenas

TIGRE-DA-SUMATRA
REINO: Animalia
FILO: Chordata
CLASSE: Mammalia
ORDEM: Carnivora
FAMÍLIA: Felidae
GÊNERO: Panthera
ESPÉCIE: Panthera tigris sumatrae

em uma única ilha da Indonésia, podem estar reduzidos a cerca de quinhentos animais, e as populações de orangotangos também estão em declínio. Tanto os grandes felinos quanto os grandes macacos disputam o hábitat com os seres humanos, um problema de preservação que não encerra uma solução simples.

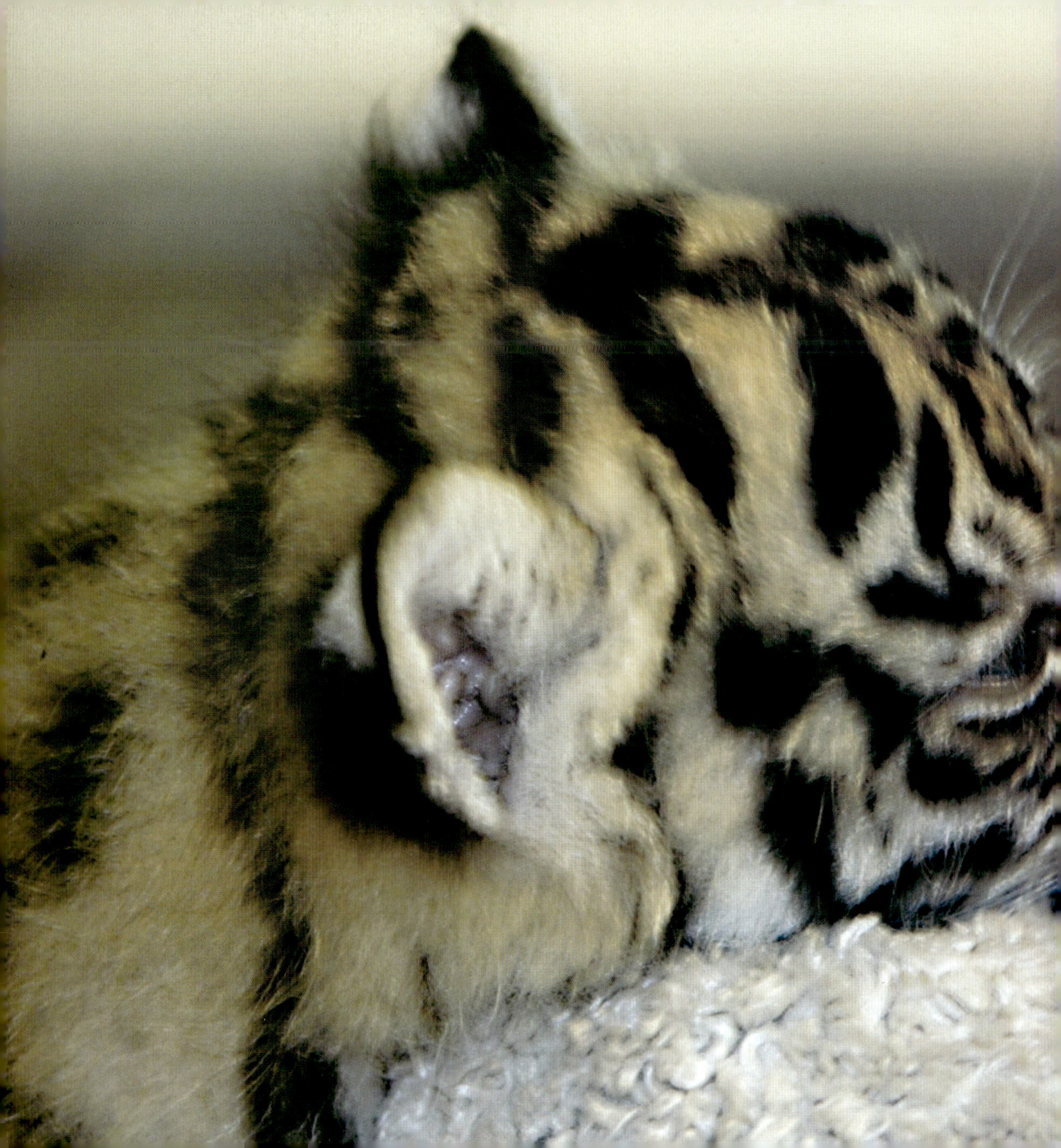

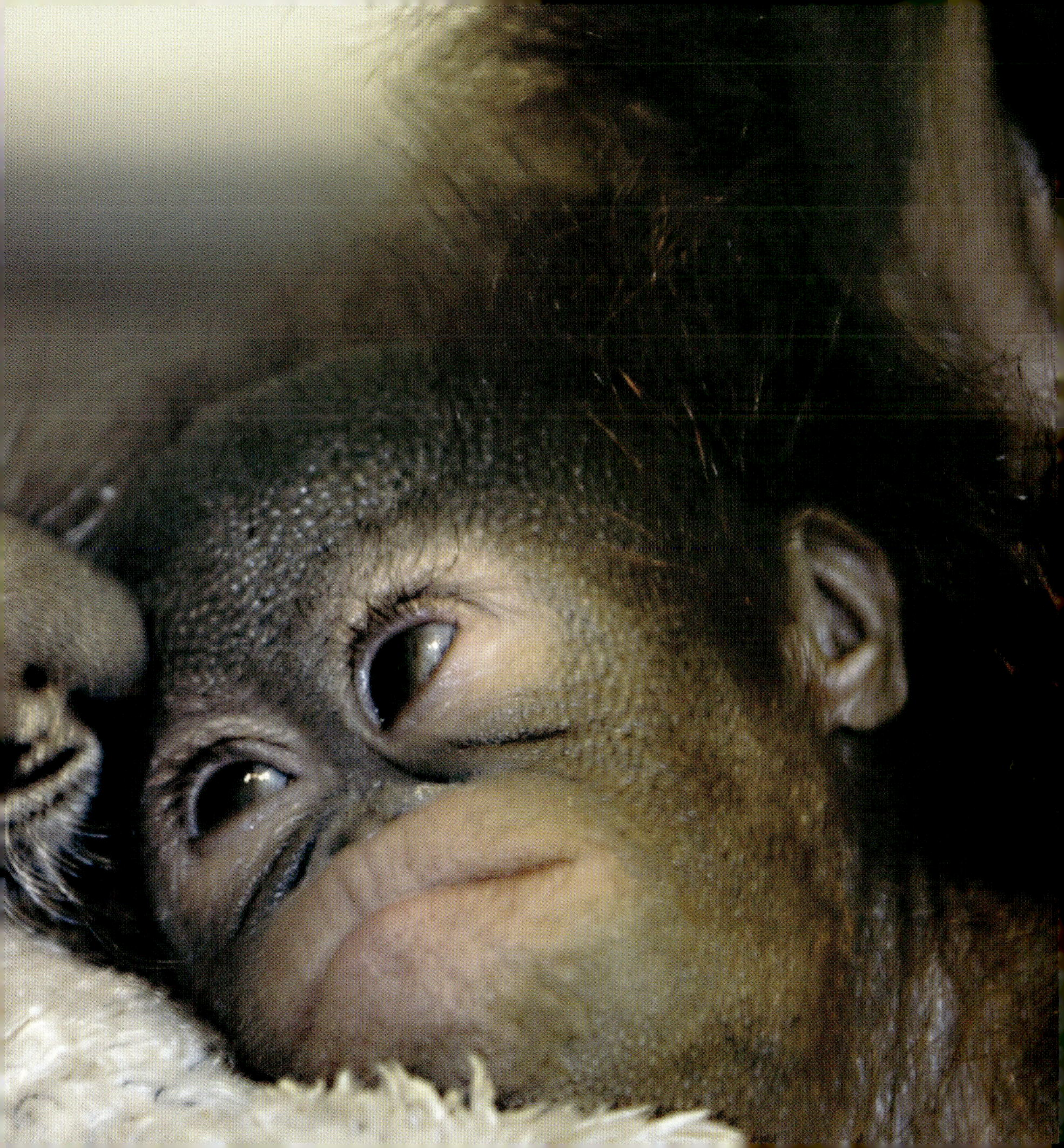

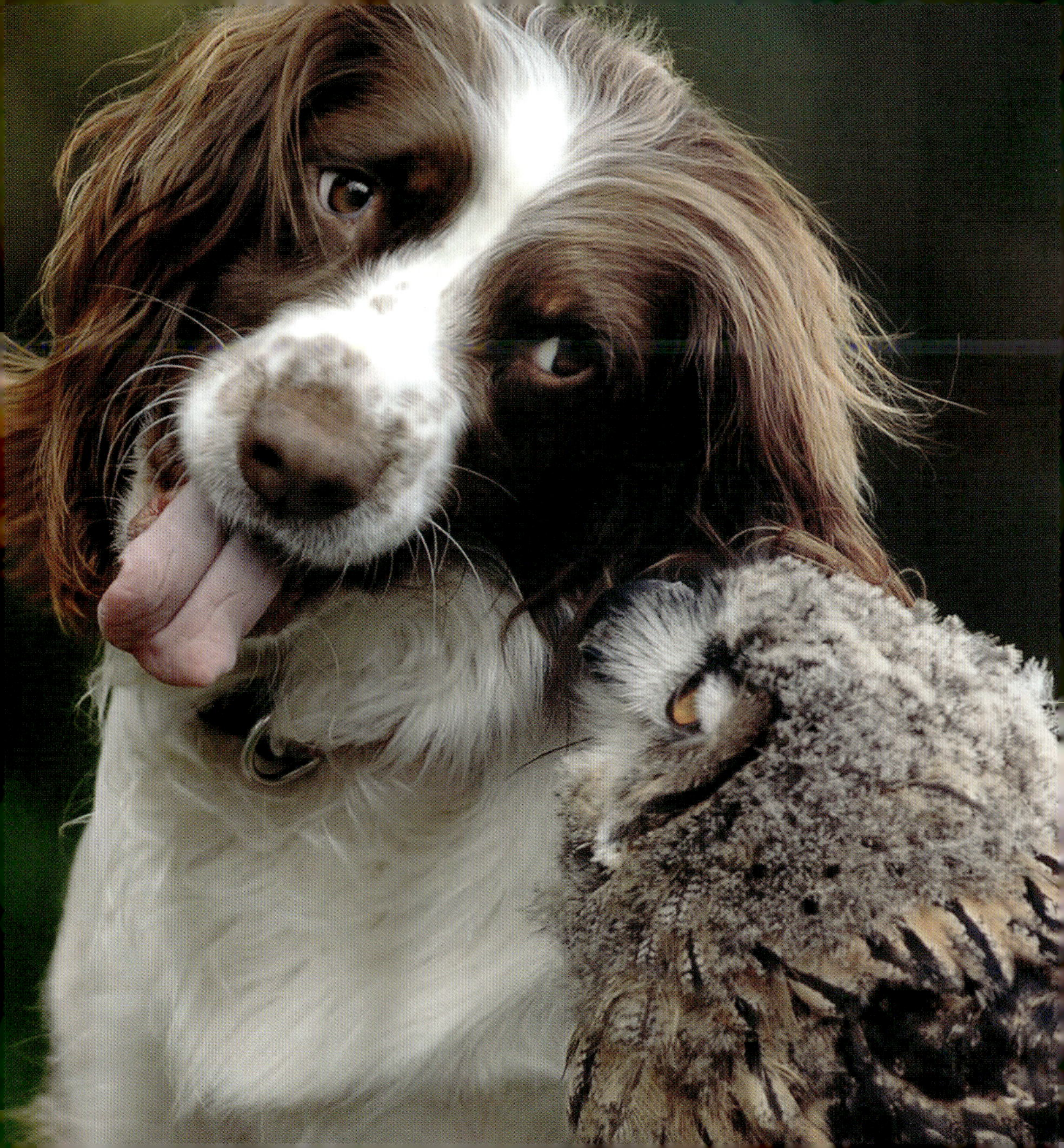

{INGLATERRA, 2009}

A coruja e o spaniel

No BIRD-OF-PREY CONSERVATION CENTER EM LISKEARD, CORNWALL, uma cadela *spaniel* chamada Sophi se sente atraída por corujas. Felizmente, em vez de morder, ela lambe. E o encontro de bocas é mútuo.

Os *spaniels* ingleses são caçadores naturais, e desentocar e apanhar pássaros é a sua especialidade. No entanto, neste caso, a cadela Sophi parece ter substituído esses instintos caçadores por algo mais afável.

Normalmente, Sharon Bindon, a conservacionista que administra o centro, não leva pássaros para dentro de casa. Na realidade, Sophi nunca tinha estado perto de um até o dia da chegada de Bramble. Mas a corujinha apareceu quando tinha apenas duas semanas de idade, ainda implume e jovem demais para ser colocada no aviário. Assim sendo, Sharon abriu uma exceção e carregou para dentro a pequena criatura desnuda.

CORUJÃO-DA-VIRGÍNIA
REINO: Animalia
FILO: Chordata
CLASSE: Aves
ORDEM: Strigiformes
FAMÍLIA: Strigidae
GÊNERO: Bubo
ESPÉCIE: B. virginianus

"Naquele primeiro dia, Sophi, então com 3 anos, saltou para cima do sofá para investigar a recém-chegada no meu colo", conta Sharon. "Para demonstrar afeto, ela começou a lamber o bico de Bramble. A partir daquele dia, isso se tornou um ritual cotidiano."

Bramble recebeu uma gaiola aconchegante que foi colocada na sala de estar da casa. Entretanto, sempre que Sophi estava por perto, a coruja batia as asas e saltitava até que a deixassem sair para se reunir à cadela para uma sessão de limpeza ou de carícias. "E quando Sophi não estava por ali, Bramble ia procurar por ela", comenta Sharon. "Os beijos e lambidas eram recíprocos: Bramble "bicava" Sophi para retribuir os beijos da cadela."

À noite, pássaro e cachorro às vezes se acariciavam no tapete e acabavam pegando no sono. "Bramble só voltava para a gaiola quando todos nós íamos dormir."

Quando Bramble ficou mais velha e menos frágil, ela foi introduzida no aviário para poder voar de um lado para o outro. Mas Sharon diz que a coruja desce regularmente para passar algum tempo com Sophi, sempre disposta a trocar carícias com ela, no estilo pássaro-cão.

SPANIEL
Afável, amistoso – o perfeito animal de estimação para a família – o springer spaniel inglês era originalmente um cão de caça, conhecido pela sua habilidade de desentocar a caça ou fazê-la "saltar para fora" [*spring*, em inglês].

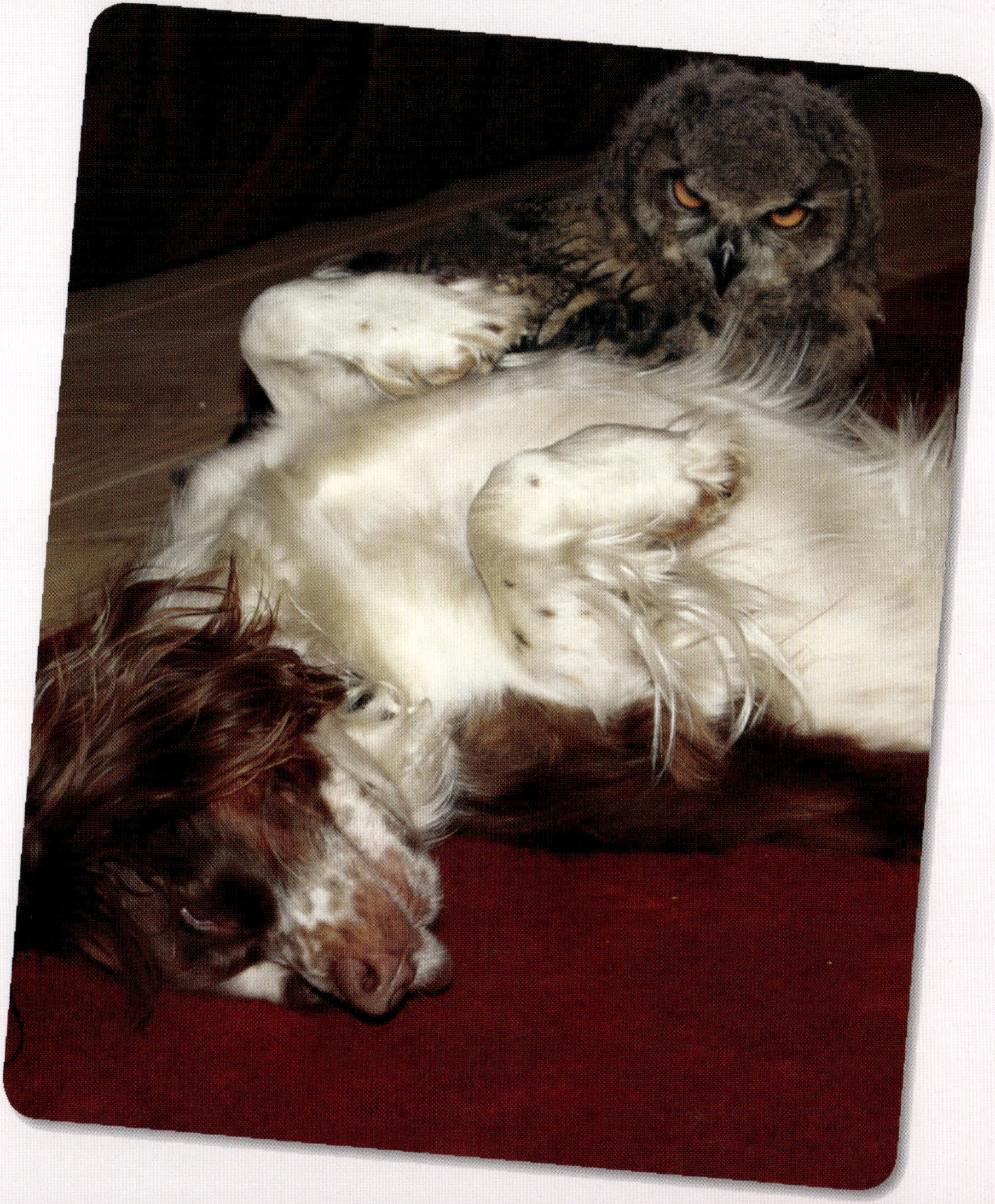

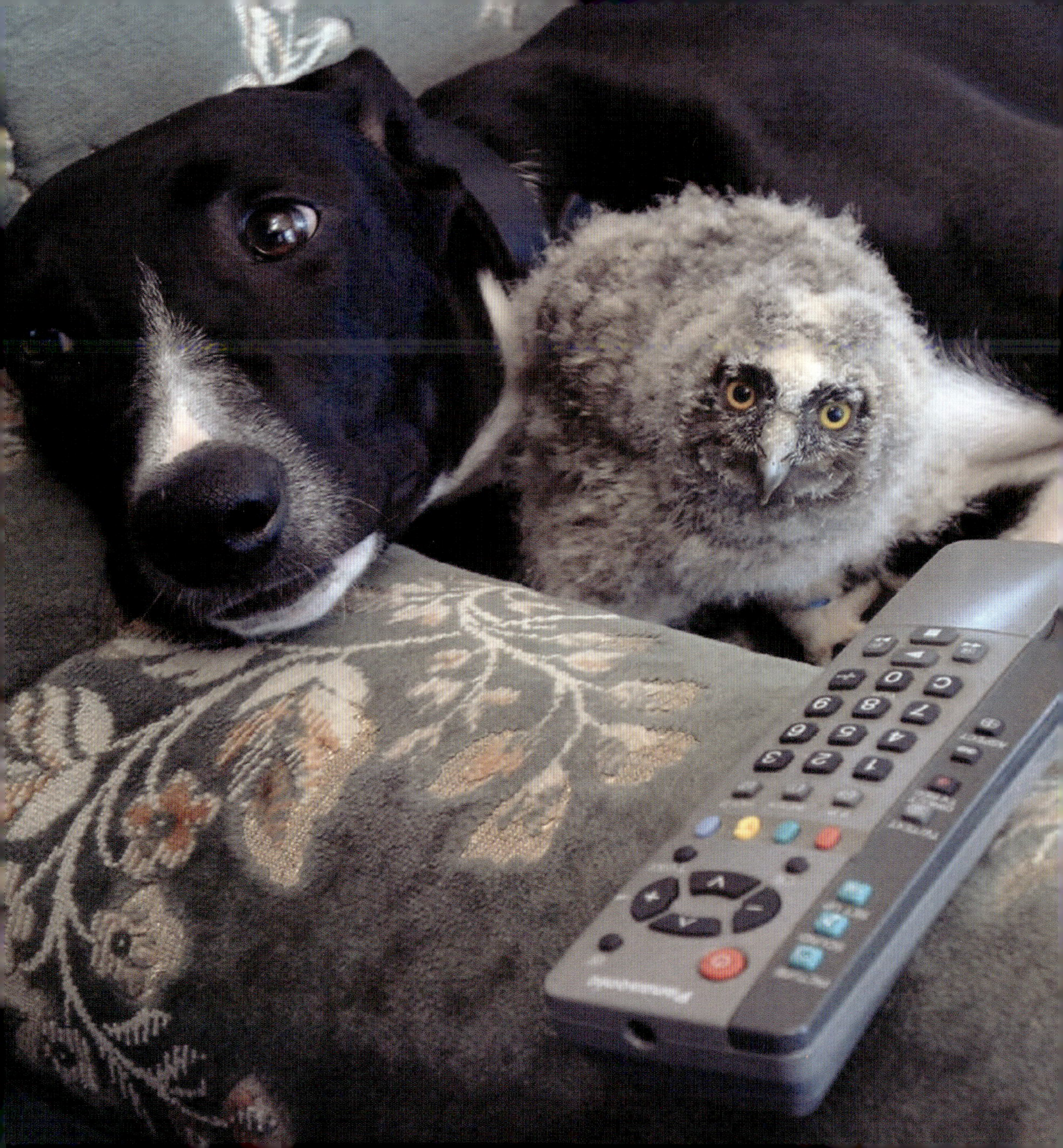

{Inglaterra, 2008}

A corujinha e o galgo

Que cena estranha é esta? Ela começa normalmente com um cachorro deitando em um sofá. Mas olhe de novo. Há uma coruja pousada entre as suas patas. Oh, já ia me esquecendo de comentar: os dois estão assistindo a um programa na televisão.

Trata-se de Torque o galgo e da sua amiguinha Shrek, um filhote fêmea de uma coruja-pequena que o jovem cachorro adotou logo depois de o pássaro ter saído do ovo. Torque ficou animado e queria cheirar a recém-chegada. "Eu havia retirado a corujinha Shrek da incubadora, e de repente surge esse grande focinho na minha mão", relembra John Picton, falcoeiro-chefe e dono de Torque. Para dizer olá, uma língua enorme apareceu logo depois. Foi muito engraçado."

Em algumas espécies de pássaros, a mãe pode matar um dos filhotes para que o outro tenha uma chance maior de sobreviver. Para proteger Shrek

GALGO

Pertencendo à raça mais rápida – e antiga – de todas as existentes, o galgo é um cão meigo e afável, principalmente associado ao esporte de corrida de cães.

de um infanticídio, a corujinha não foi colocada ao lado da mãe depois de eclodir. Em vez disso, John levou para casa o pequeno amontoado de penas para cuidar dele. Quando a corujinha começou a ficar mais firme, John deixou que Torque e ela se conhecessem melhor. Primeiro, ele alimentava Shrek com ratos e codornas no mesmo cômodo no qual Torque estava comendo, e em seguida aproximava mais o pássaro para que o cachorro pudesse dar uma olhada nele e cheirá-lo. Torque lambia a coruja e esta dava uma bicada delicada no focinho dele. Com o tempo, "eles passaram a saltar juntos pela casa toda, realmente desfrutando a companhia um do outro". Em uma brincadeira cômica, Shrek ficava imóvel até que Torque começava a procurar por ele e depois arremetia contra ele. Os dois se aninhavam no sofá, parecendo extasiados com as séries da televisão *East Enders* e *Coronation Street*, que figuravam entre as suas favoritas. Eles matavam o tempo juntos do lado de fora como dois irmãos amorosos, com Torque protegendo o filhote emplumado ou seguindo-o enquanto ele dava os seus passos incertos pelo gramado.

Quando as pernas de Shrek ficaram mais fortes de tanto ela perambular com Torque, a coruja logo se deu conta de que tinha outro par de membros que podia estender. E assim que ela descobriu as suas asas, começou a explorar um mundo no qual Torque não podia acompanhá-la. A coruja foi colocada em um aviário no centro de aves de rapina com outros pássaros, e Torque continuou a sua vida no solo, um pouco mais solitário do que antes. Mas sempre que Torque passava pela casa dos pás-

CORUJA-PEQUENA

REINO: Animalia
FILO: Chordata
CLASSE: Aves
ORDEM: Strigiformes
FAMÍLIA: Strigidae
GÊNERO: *Asio*
ESPÉCIE: *Asio otus*

saros, "ouvia-se um pio muito agradável vindo do lado de dentro, de Shrek para Torque", comenta John. Tudo indicava que cão e pássaro continuavam amigos – mesmo à distância.

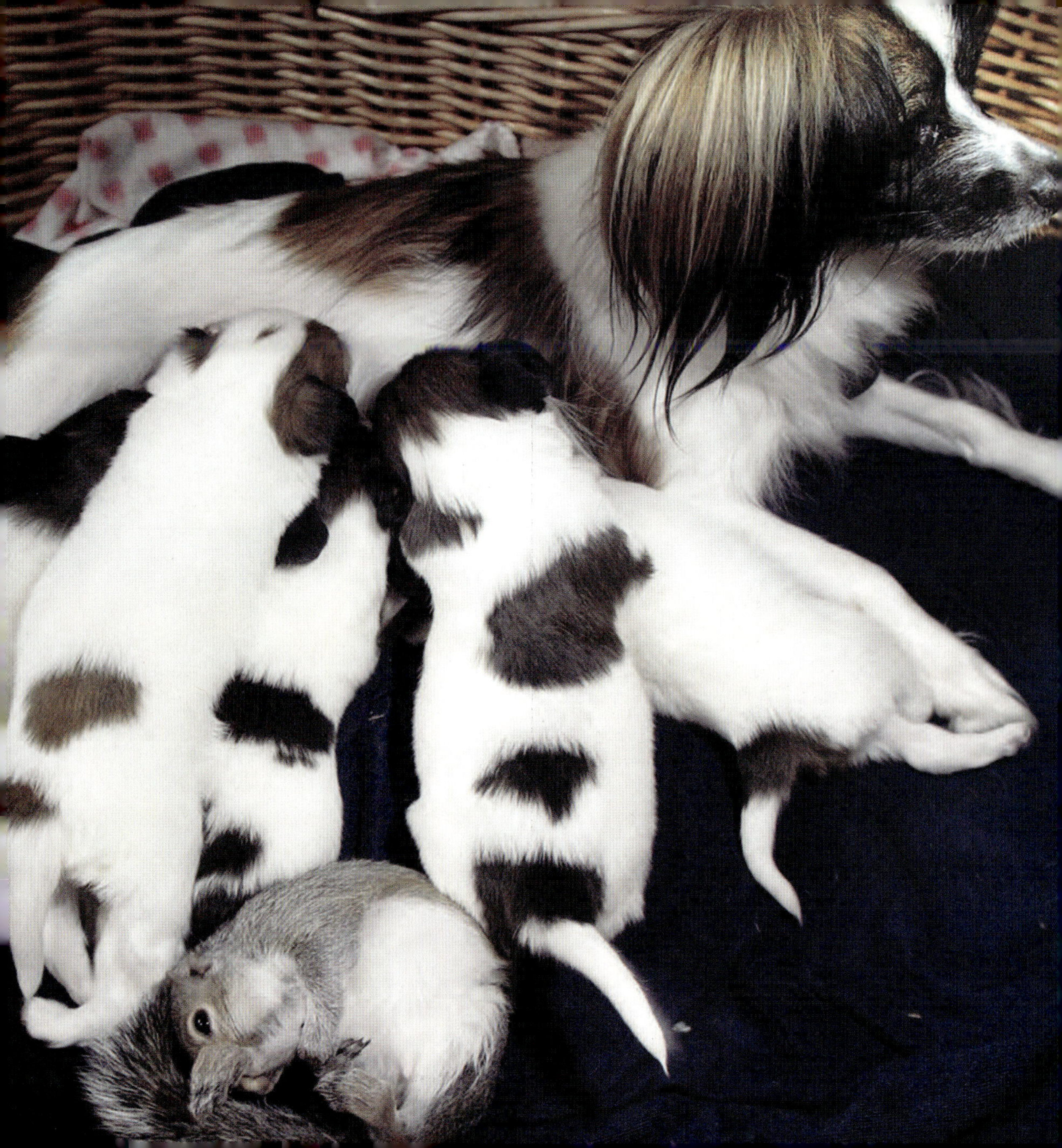

{Washington, EUA, 2005}

O papillon e o esquilo

Finnegan caiu. Foi um tombo de 12 metros do ninho da sua família situado bem no alto da árvore, mas de algum modo o minúsculo esquilo sobreviveu à queda. O seu futuro, que pareceu bem sombrio durante a descida, se tornou mais brilhante quando uma mulher o encontrou guinchando na base do tronco. Ela o levou para uma amiga amante de animais para que ele pudesse receber carinho e afeto.

Essa amiga era Debby Cantlon, uma mulher que constantemente tratava de animais que necessitavam de cuidados, como guaxinins machucados, gatinhos abandonados ou qualquer criatura que estivesse com algum problema. Ela levou o minúsculo animalzinho para dentro de casa, deu um nome a ele, aqueceu-o e alimentou-o com uma mamadeira; em seguida, colocou-o em uma cama com cobertores aquecidos no chão do canil dos seus cachorros, que não era utilizado.

> **PAPILLON**
>
> As origens do papillon recuam às cortes francesas do século XVI, onde foi desenvolvido como um cão de companhia. Devido às suas orelhas que parecem asas, ele recebeu o nome de "borboleta" em francês.

Nessa ocasião, a sua pappillon, Mademoiselle Giselle, estava com uma gravidez adiantada, e talvez por causa da proximidade da maternidade, a cadela se sentiu estranhamente atraída pela criaturinha que a sua dona levara para casa. "Saí para fazer umas compras", relembra Debby, "e, quando voltei, o canil estava vazio". Descobri depois que "Maddie", como Debby a chama, havia puxado o esquilo envolto em panos através da sala de jantar, pelo corredor e depois para o quarto de dormir, acomodando-o ao lado da sua própria cama. "Lá estava ela, protegendo o esquilo como se fosse filho dela."

Depois que Maddie deu à luz, Debby imaginava que a fascinação da cadela pelo esquilo fosse esmorecer. Em vez disso, a sua necessidade maternal de ficar perto do animal se tornou mais forte. Ela procurou pelo esquilo apenas um dia depois do nascimento dos seus filhotes. Quando Debby cedeu e transferiu Finnegan para a cama de Maddie junto com os cachorrinhos, "Maddie começou a lamber a cabecinha do esquilo. Ela estava radiante, como se estivesse se sentindo completa agora que todos os seus bebês estavam reunidos. Acho que uma mãe é sempre uma mãe. O instinto materno está presente mesmo que o pequenino não seja nosso."

Quando os cachorrinhos ficaram maiores e mais fortes do que Finnegan, Debby começou a levar o esquilo para o lado de fora, para que ele pudesse aprender a viver na natureza à qual ela esperava devolvê-lo. Maddie ficava observando e esperava que o esquilo voltasse para casa. Ao anoitecer, Finnegan voltava, arranhava a porta e mer-

> **ESQUILO CINZENTO**
>
> REINO: Animalia
> FILO: Chordata
> CLASSE: Mammalia
> ORDEM: Rodentia
> FAMÍLIA: Sciuridae
> GÊNERO: Sciurus
> ESPÉCIE: Sciurus carolinensis

gulhava de focinho no grupo, rolando com os cachorros. "Era como se ele estivesse relatando a eles as suas aventuras do dia", relembra Debby.

    Com o tempo, Finnegan voltou a ser um esquilo selvagem em tempo integral. Quando ele não voltou mais, "fiquei triste, por mim e por Maddie", diz Debby. "Mas a nossa tarefa estava cumprida."

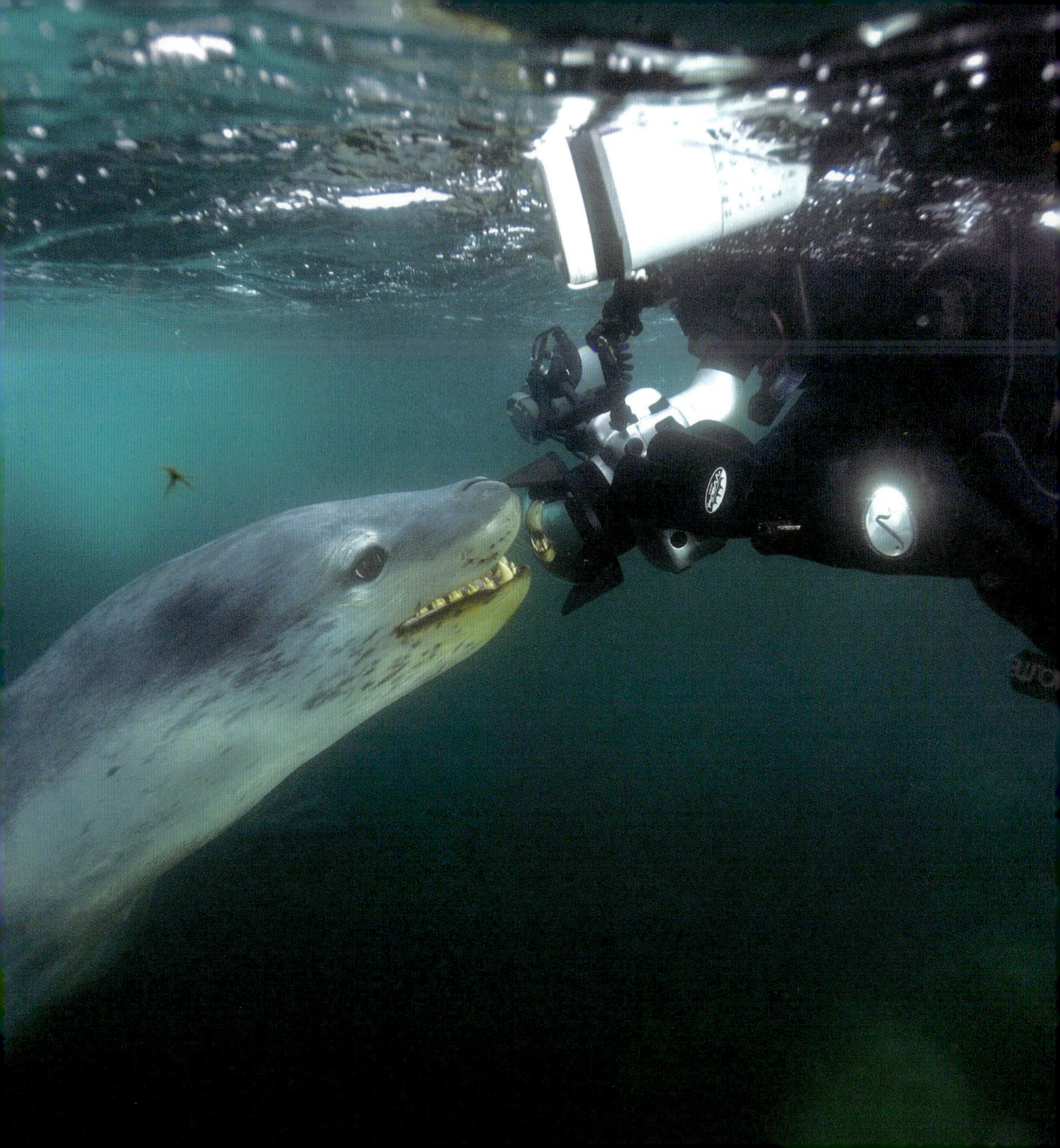

{ANTÁRTICA, 2005}

O fotógrafo e a foca-leopardo

Há um ditado que diz que amar um animal desperta o espírito humano. No caso do fotógrafo canadense Paul Nicklen, um breve encontro com um animal selvagem não apenas despertou a sua alma como também a fez dançar. Durante uma missão para a revista *National Geographic*, Paul vestiu o equipamento de mergulho e entrou no frio mundo azul da foca-leopardo para documentar esses magníficos, e às vezes violentos, mamíferos marinhos que vivem debaixo do gelo antártico. O seu objetivo era simples: bater o maior número possível de fotos sem ser atacado pelos animais territoriais de quinhentos quilos, qualquer um dos quais poderia facilmente matá-lo.

Documentos históricos redigidos por exploradores da Antártica fazem menção a essas gigantescas focas ameaçando homens, às vezes seguindo os seus movimentos ao longo de banquisas, e até mesmo tentando agarrá-los.

E em 2003, uma foca-leopardo, que talvez estivesse sofrendo de inanição, atacou uma cientista e afogou-a.

A má reputação do animal torna a experiência de Paul ainda mais impressionante. Uma foca-leopardo fêmea de três metros e meio não apenas se encantou com o intruso, como também fez o possível para alimentá-lo.

Ela começou o encontro mostrando de relance para Paul a mandíbula escancarada, uma ameaça destinada a fazer com que ele reconhecesse o seu lugar, mas sem lhe causar dano. Em seguida, com a sua dominância estabelecida, a disposição de ânimo da foca pareceu se inclinar a favor de Paul. Ela pairou perto dele na água, nadando ao alcance da sua mão, como se estivesse posando para a câmera. Em seguida, em uma atuação espantosa, a foca perseguiu e matou um pinguim – a sua presa favorita – e o ofereceu repetidamente a Paul, como se estivesse tentando alimentar um dos seus filhotes. "Parecia que ela estava preocupada com a minha saúde. Eu era claramente um predador lento demais para cuidar de mim mesmo", relembra Paul. Uma vez que o fotógrafo não fez caso da oferta de comida (sempre cauteloso e evitando interagir com qualquer animal selvagem mais do que o necessário), "ela me trouxe pinguins vivos e os colocou sobre a redoma da minha câmera, recuperando-os quando eles escapavam e soprando bolhas no meu rosto, como se a minha natureza passiva a deixasse exasperada." Finalmente, ela comeu pinguins diante de Paul, "mostrando-me o que eu deveria fazer".

A sua beleza luzidia impressionou Paul. O poder mortal que se tornou meigo o deixou sem fôlego. "O meu coração estava batendo forte e eu ficava

FOCA-LEOPARDO
REINO: Animalia
FILO: Chordata
CLASSE: Mammalia
ORDEM: Carnivora
FAMÍLIA: Phocidae
GÊNERO: Hydrurga
ESPÉCIE: H. leptonyx

animado todas as vezes que ela se aproximava. Foi a interação mais extraordinária que eu já tive", afirma.

Durante vários dias, essa criatura selvagem, que superava enormemente o fotógrafo em tamanho e força, tornou-se a sua maior companheira. Quando o trabalho terminou, "foi difícil deixá-la para trás", diz ele. "Eu vivi algo excepcional e mágico de que jamais me esquecerei."

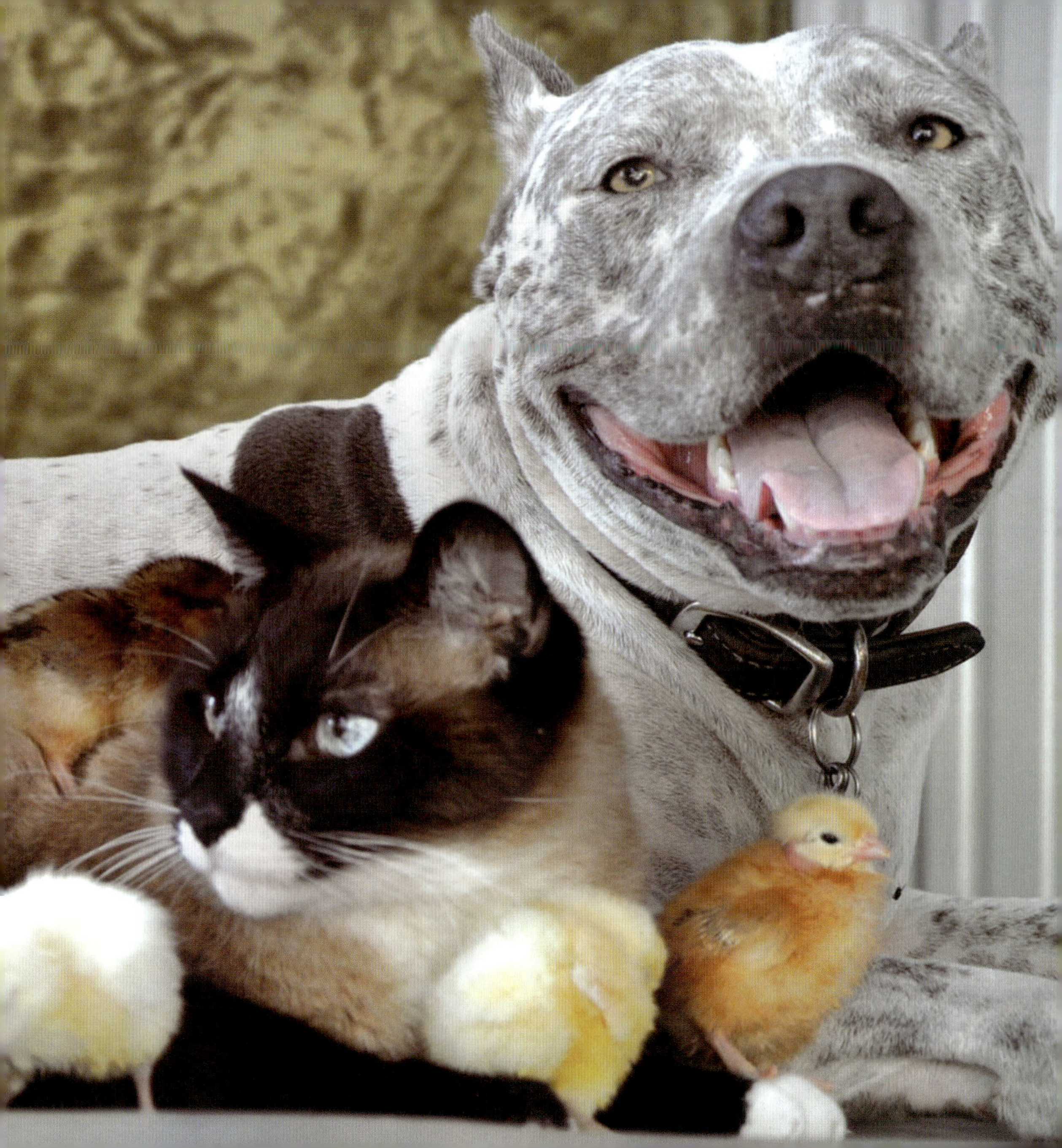

{Texas, EUA, 2009}

O pit-bull, o gato siamês e os pintinhos

Os pintinhos cutucam Sharky. Os minúsculos pompons de algodão se empoleiram nas costas dele, bicam o seu focinho e o usam como uma balsa na piscina. Eles também são estranhamente afeiçoados a um gato snowshoe[1] chamado Max, que faz com que os pintinhos se comportem empurrando-os com o nariz. E Max e Sharky, bem, desde que o gato pôs o cachorro no seu devido lugar com uma ou duas patadas, eles têm se dado às mil maravilhas. Para Helen Jürlau, estoniana que se mudou para o Texas, isso é um circo louco de personalidades, exatamente do jeito que ela gosta.

---

1. O gato chamado em inglês de Siamese-snowshoe é chamado no Brasil apenas de snowshoe. A raça foi desenvolvida nos Estados Unidos a partir de um cruzamento entre o gato siamês e o gato americano de pelo curto. É uma raça relativamente recente, pois existe apenas há cerca de 45 anos, sendo considerada uma raça rara. (N. do T.)

> **GALINHA**
> REINO: Animalia
> FILO: Chordata
> CLASSE: Aves
> ORDEM: Galliformes
> FAMÍLIA: Phasianidae
> GÊNERO: Gallus
> ESPÉCIE: Gallus gallus

Ela cresceu em uma fazenda criando porcos e vacas, recolhendo ovos ainda quentes das galinhas. Assim sendo, quando se mudou para os Estados Unidos com o marido americano, Helen logo começou a levar animais para dentro de casa, começando por um porco potbellied. "Aquilo fez com que eu me sentisse em casa", diz ela. E à medida que o zoológico cresceu, os relacionamentos entre os animais passaram por mudanças maravilhosas.

Sharky se tornou pai antes de completar 1 ano de idade, de modo que era como um irmão mais velho animado para os seus filhotes. "Ele mal podia esperar para vê-los, estando até mais ansioso do que a fêmea", comenta Helen. "Se eu perguntasse: 'Onde estão os seus bebês?', os olhos dele brilhavam e ele saía correndo procurando por eles. Ele fica simplesmente no céu quando está cercado por todos os seus filhotes." Esses filhotes passaram a incluir o gato siamês Max e os lotes de pintinhos que Helen ganha toda primavera. "Quando Sharky vê os pintinhos, ele arregala os olhos e quer brincar", diz ela. Ele não discrimina entre animais de pelo e aves. "Acho que ele simplesmente deseja proteger qualquer coisa que seja pequena e indefesa. Ele não deixa em paz os porquinhos-da-índia, os coelhos, os pintinhos, o porco. Todo mundo ganha beijos."

Agora, Helen fotografa e filma em vídeo os animais para compartilhar com o mundo essas amizades bizarras. Algumas das cenas favoritas captadas em filme poderiam ter os seguintes subtítulos: *Pintinhos andam em fila sobre cachorro. Pintinho desliza para baixo sentado no dorso do cachorro. Cachorro,*

> **PIT-BULL**
> Os pit-bulls são com frequência muito criticados por ser considerados perigosos, mas pesquisas demonstraram que eles não são mais agressivos do que qualquer outra raça: é a maneira como são criados que determina o seu futuro comportamento.

gato e pintinhos aconchegados. Pintinhos montam no gato. Gato esfrega o focinho nos pintinhos. Cachorro e gato tiram um cochilo. Cachorro e pintinhos brincam na piscina. Gato dá patadas de brincadeira no cachorro enquanto passa por ele montado em um aspirador de pó. Sem dúvida a casa de Helen é a única no quarteirão – no mundo, talvez? – cujos animais de estimação exibem essas excentricidades.

Os animais não parecem se importar com o assédio dos paparazzi; eles simplesmente fazem o que têm vontade independentemente da audiência. Mas o vínculo mais claro é o que está sempre crescendo entre o cão e o gato. "Eles me fazem rir muito", diz Helen. "Às vezes, Sharky e Max sentam-se exatamente na mesma posição, com uma das patas estendida reta para a frente e a outra virada para dentro, como se estivessem zombando um do outro." E em outras ocasiões, comenta Helen, eles se esparramam perto da piscina costas com costas, dois amigos contemplando o céu.

GATO SIAMÊS

Originário do Sião, o gato siamês é considerado uma das poucas raças "naturais" que existem, o que significa que se desenvolveu inteiramente sem a intervenção humana.

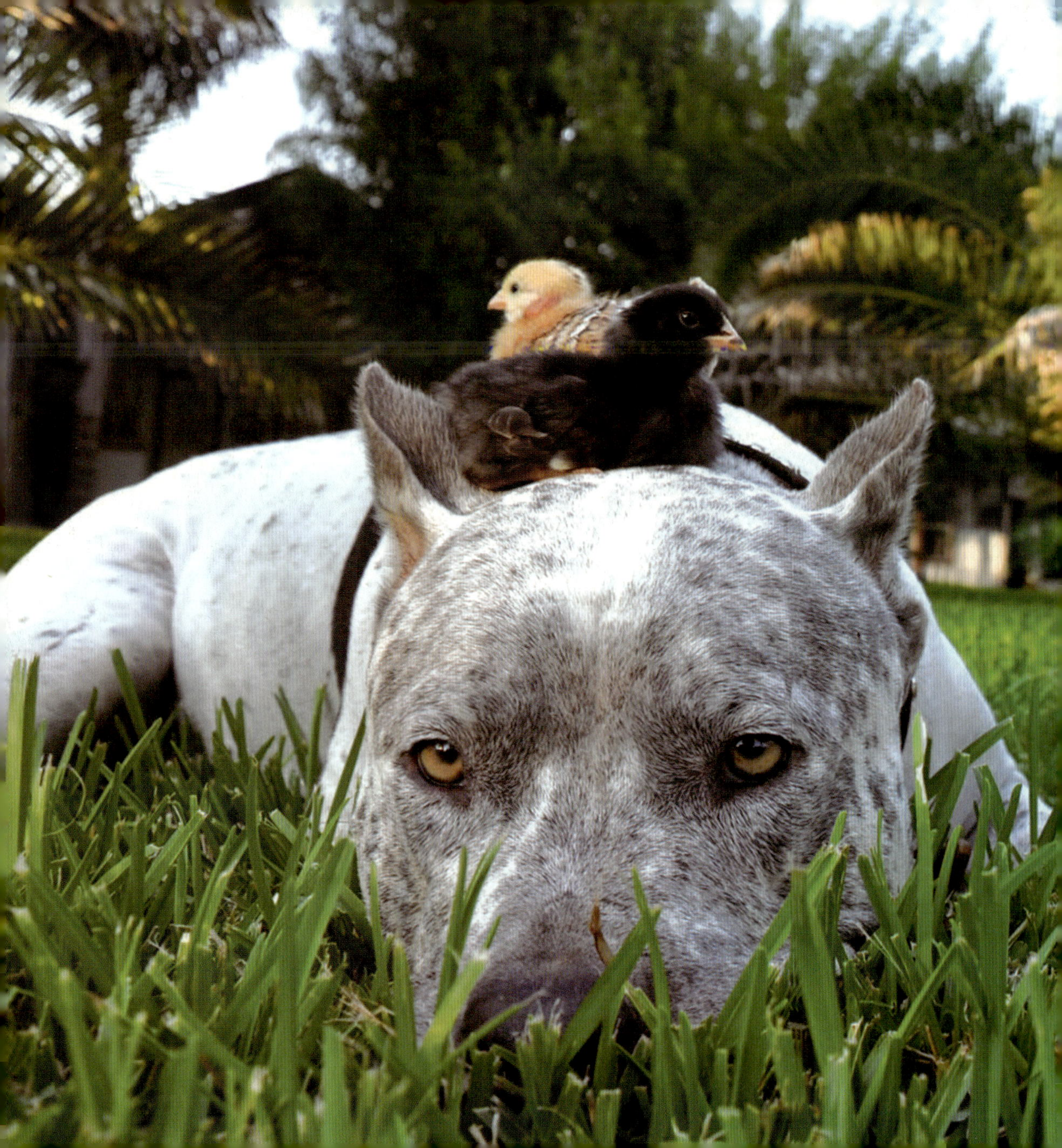

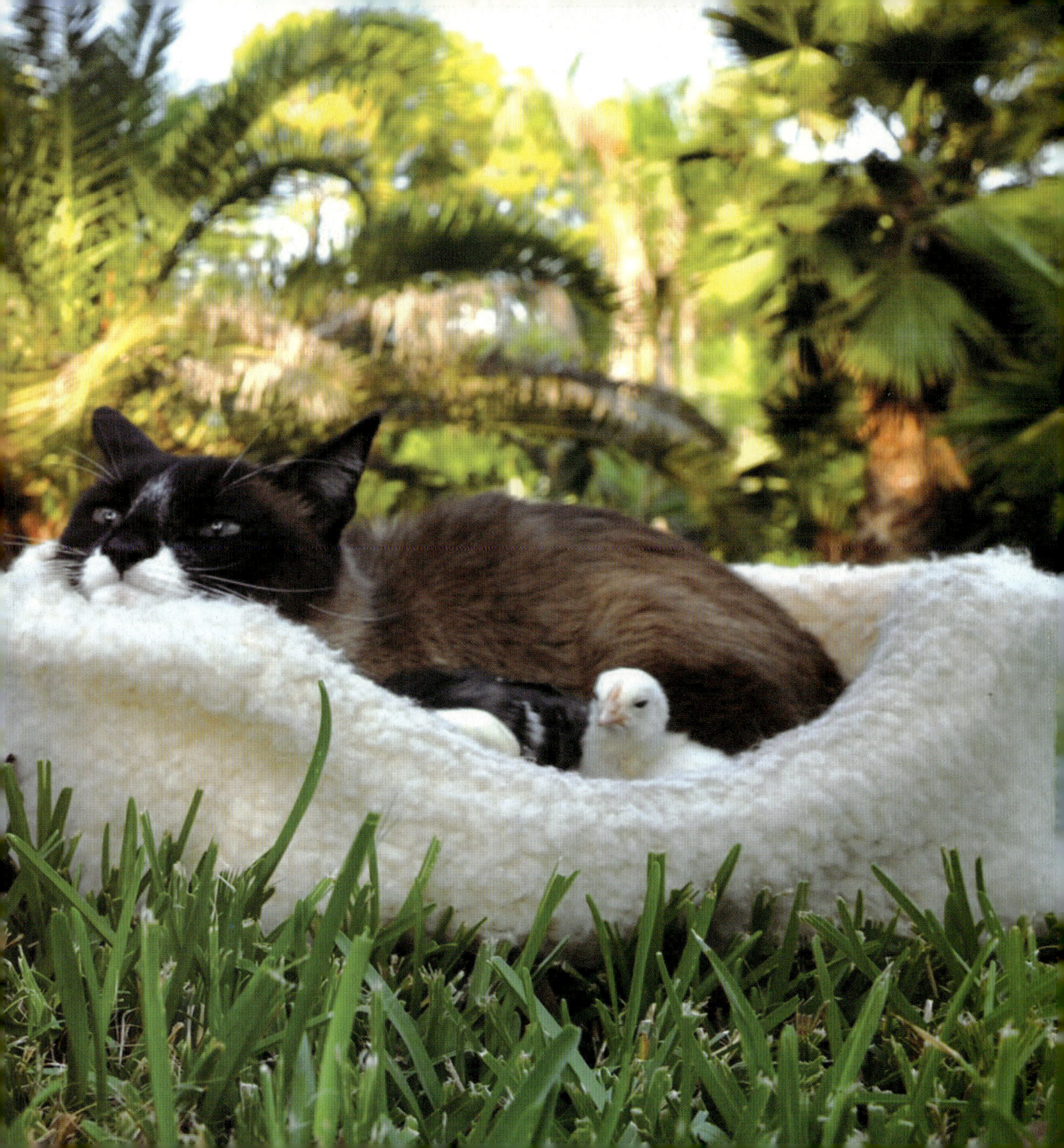

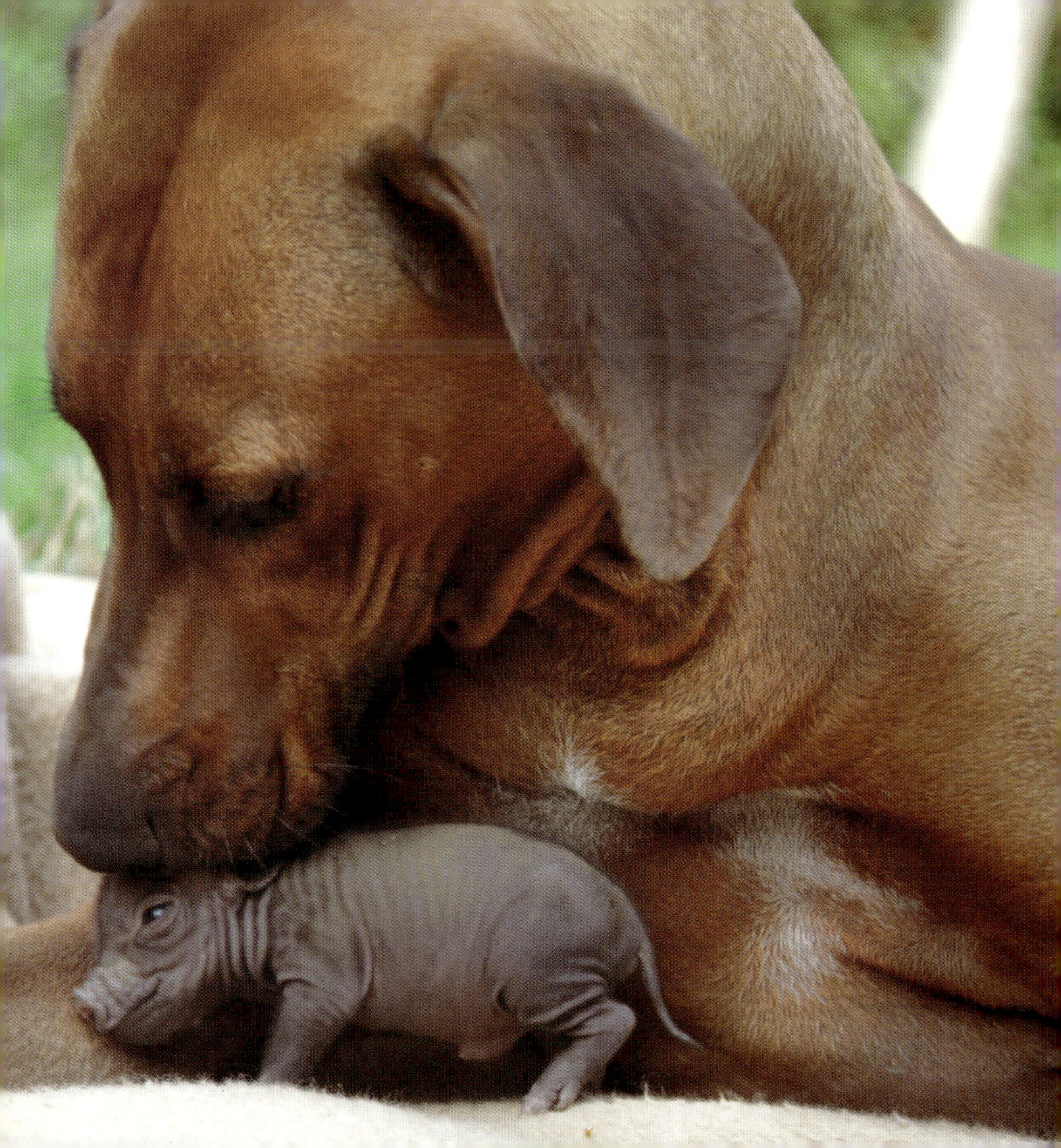

{Alemanha, 2009}

O porquinho e o leão da Rodésia

EIS UM CACHORRO CRIADO PARA SER ROBUSTO O SUFICIENTE PARA caçar javalis, linces e ursos. No entanto, se colocarmos perto dele um porquinho, ele se torna um tipo bastante maternal.

Em uma noite fria de 2009, Roland Adam de Hoerstel, Alemanha, encontrou uma dupla de porquinhos recém-nascidos na sua propriedade de oito hectares. Um deles já estava morto devido ao abandono e o outro era uma pele rosa que se contorcia, gelado até os ossos, e mal estava vivo. Um casal de porcos da raça vietnamita potbellied – uma variedade mais atarracada e compacta do que o porco cevado comum do seu curral – decidira morar nas terras de Roland anos antes; não era a primeira vez que ele se deparava com esses presentes. Só que nesse caso, ele precisou interferir, certo de que o filhote sobrevivente morreria de frio ou de fome, ou seria capturado por raposas antes que a manhã chegasse. Ele o aconchegou debaixo do suéter e o levou para a casa que dividia com Katjinga, um leão da Rodésia fêmea.

A porquinha recebeu o nome de Paulinchen, e Roland decidiu entregá-la à sua cadela, que recentemente havia desmamado uma ninhada de cachorrinhos. A ideia foi boa. Katjinga tratou-a com o mesmo carinho com que tratava os seus filhotes, mantendo-a limpa e aquecida. A porquinha claramente se sentiu completamente à vontade, tentando até mesmo mamar – embora a cadela não estivesse mais produzindo leite. (Roland e a sua família cuidavam da alimentação dos animais.)

Alguns dias depois, quando a cadela e a porquinha estavam se relacionando como mãe e filha, Roland descobriu a mãe natural de Paulinchen com o resto da ninhada, todos bem saudáveis. Ele agradeceu a Katjinga pela sua ajuda e devolveu o filhote perdido à família dos porcos, que a aceitaram com entusiasmo.

Embora a porquinha só tenha se relacionado brevemente com Katjinga, aquele foi um momento crucial para o recém-nascido. Embora de volta à vida suína, Paulinchen sempre foi um pouco diferente dos irmãos; era um pouco mais mansa e ficava mais à vontade com outros animais. "Ela nos conhece e também reconhece Katjinga", diz Roland. "Quando vemos os porcos correndo e os

LEÃO DA RODÉSIA[1]
O leão da Rodésia tem esse nome devido à crista de pelo que corre pelo seu dorso na direção oposta a dos pelos do resto da sua pele. Originalmente desenvolvido na África do Sul para caçar leões, ele é conhecido pela sua coragem e resistência.

PORCO POTBELLIED
O porco potbellied pode ser um excelente animal de estimação devido à sua inteligência. Pode ser treinado para fazer as suas necessidades fora de casa e também para andar com uma coleira. No entanto, o seu desejo quase constante de comer pode levá-lo a ser destrutivo e arrancar raízes, pois é quando ele usa o focinho para cavar ou explorar.

---

1. O nome da raça em inglês é *Rhodesian ridgeback*. *Ridgeback* significa "dorso com crista". (N. do T.)

chamamos, Paulinchen levanta a cabeça e olha na nossa direção." Às vezes ela e Katjinga esfregam rapidamente o focinho uma na outra quando os porcos se aproximam por sentir o cheiro de comida.

Roland atribui a natureza meiga de Katjinga a um bom treinamento (os leões da Rodésia precisam de muita socialização) e à atmosfera especial na qual todos eles vivem. "É uma região tranquila, formada principalmente por bosques", comenta ele. "Quando há caçadores por perto, a nossa fazenda é como um porto seguro onde os animais se reúnem."

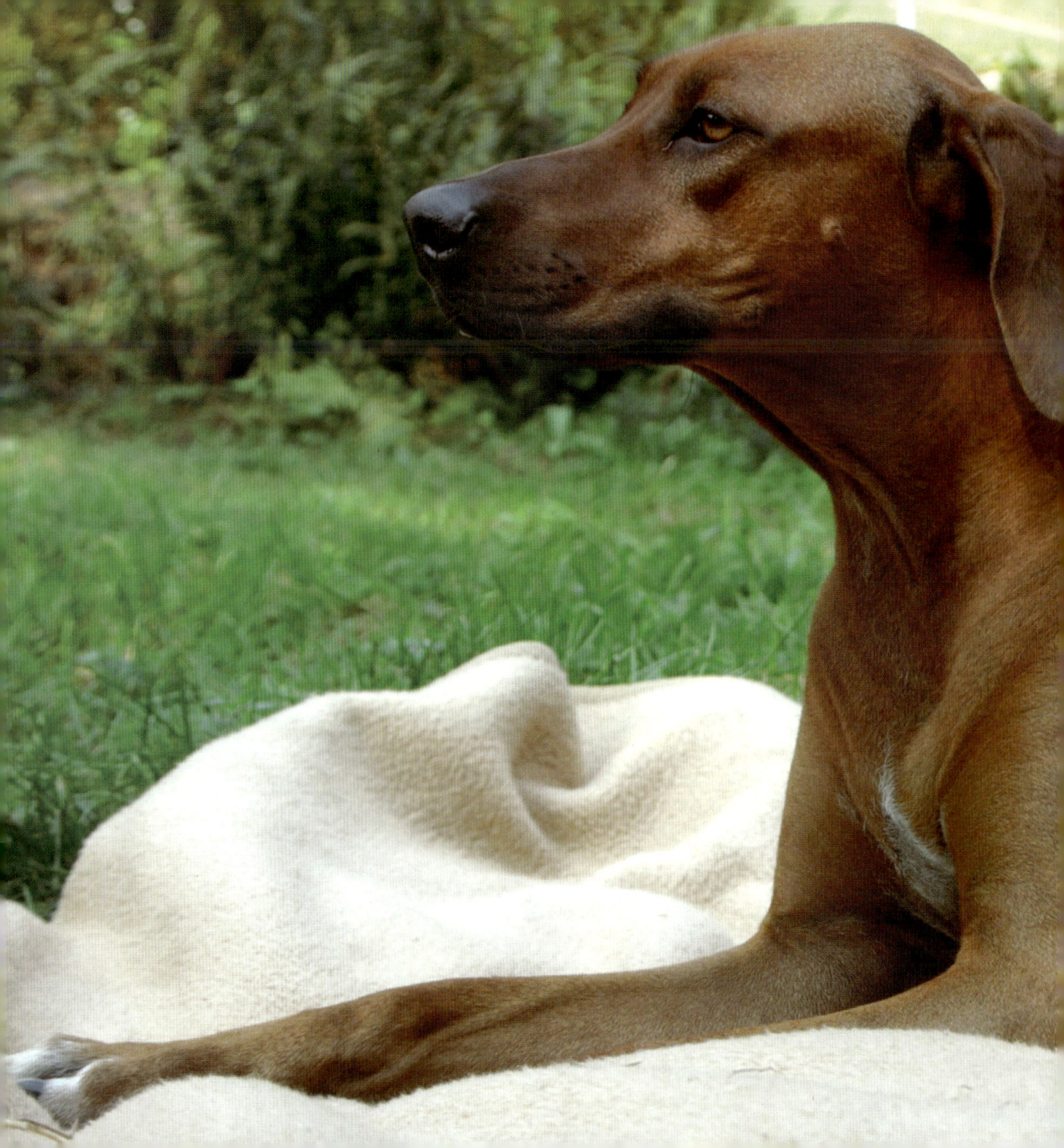

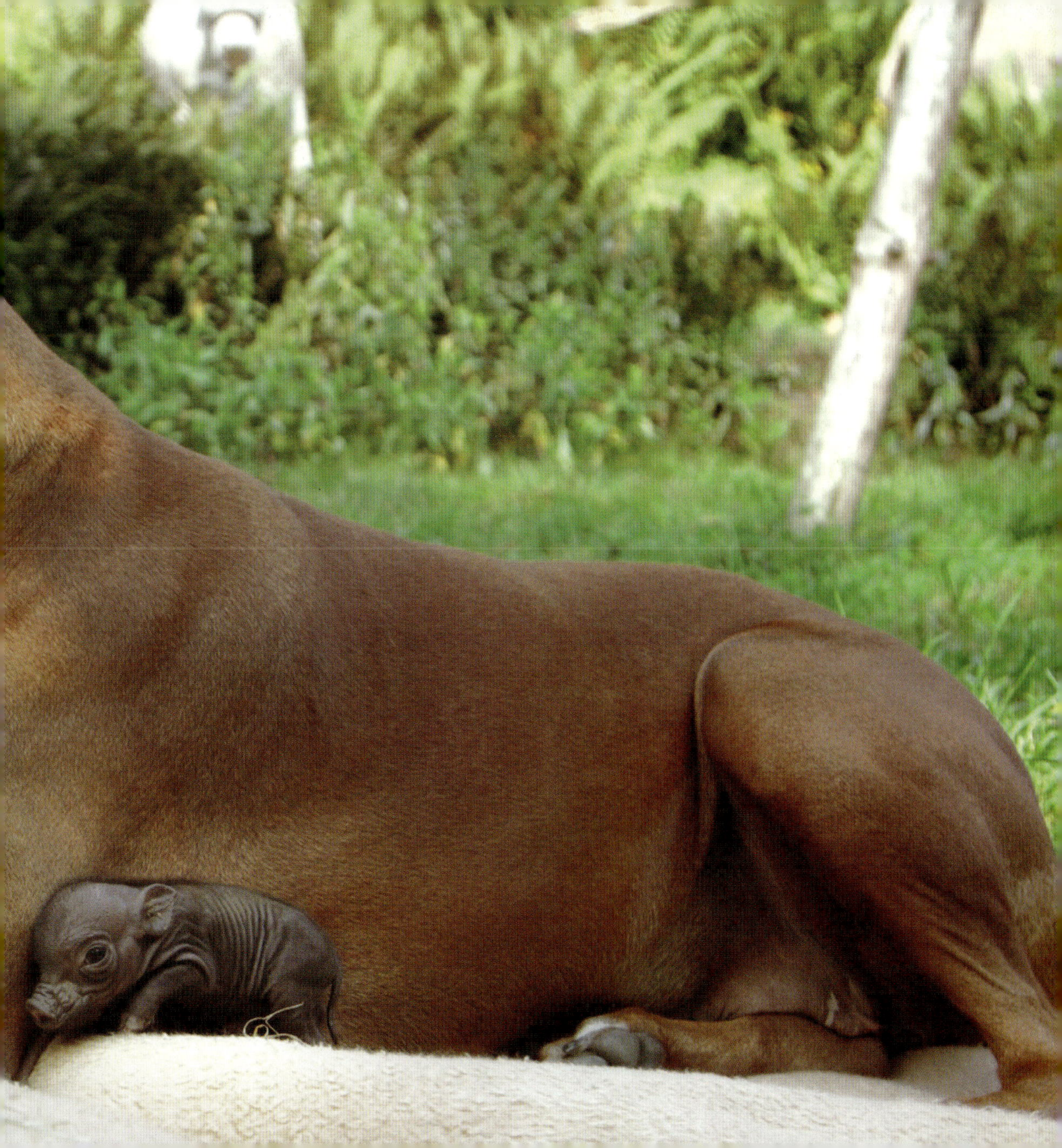

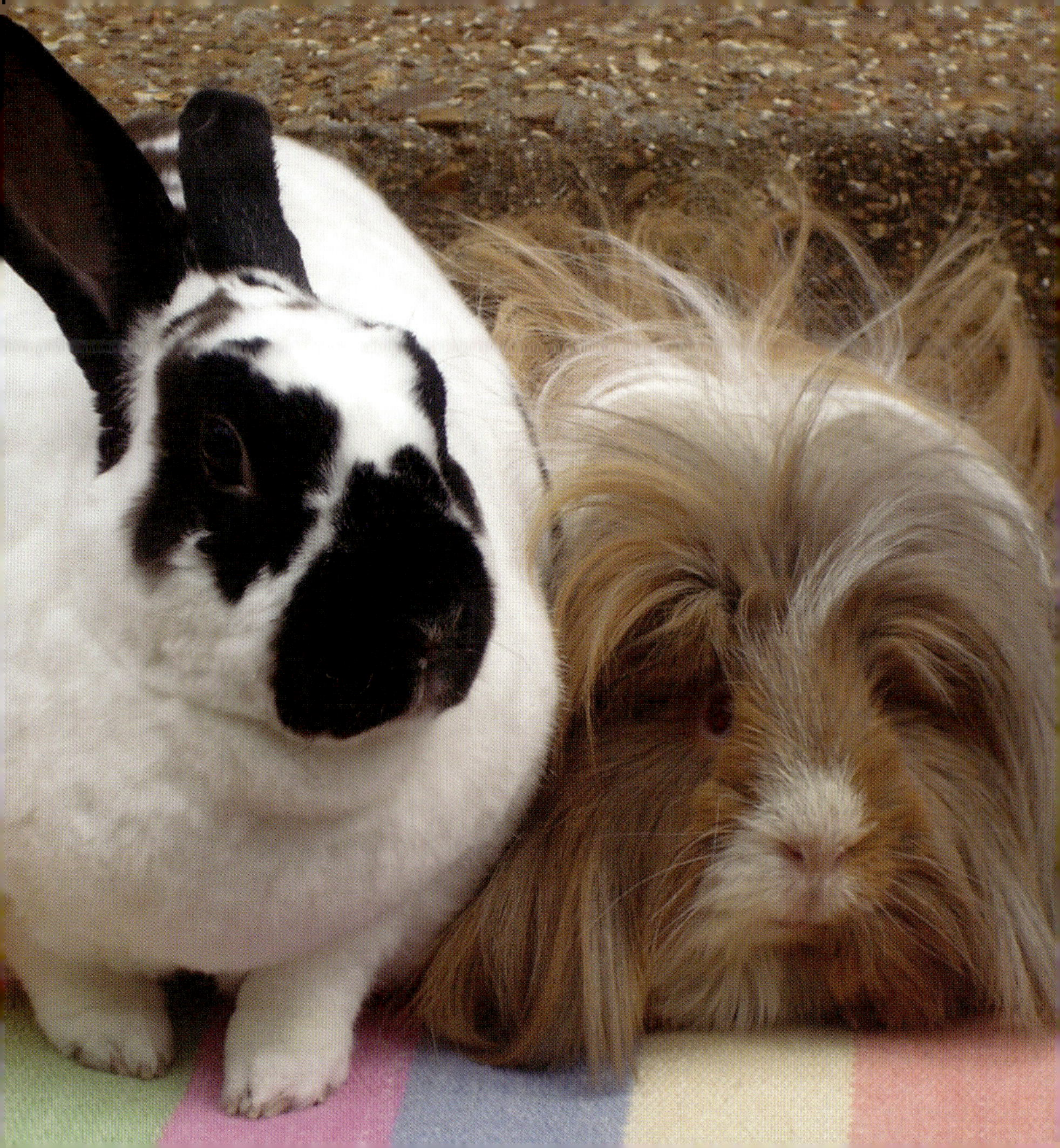

{Missouri, EUA, 2009}

O coelho e o porquinho-da-índia

A GRAÇA E A BELEZA NEM SEMPRE SÃO SUFICIENTES: DE VEZ EM QUANdo, até mesmo o coelhinho da Páscoa é rejeitado. No entanto, às vezes, Sheryl Rhodes e a sua filha, Lauren, levam para casa, em Missouri, os coelhos rejeitados de focinho rosado. E esses coelhos resgatados recebem um ótimo presente: a liberdade de perambular pelo seu próprio quarto, muita atenção das suas dedicadas donas e a presença de outros animais que também andam pela casa, com os quais podem fazer amizade.

Além de dois coelhos, a família Rhodes tinha uma dupla de porquinhos-da-índia, Timmy e Tommy. Mas quando Tommy morreu, as donas decidiram apresentar Timmy aos coelhos, que tinham um quarto de dez metros quadrados com comida, bandejas sanitárias e todos os acessórios necessários para uma vida descomplicada. Os três adoram hortaliças crocantes e são treinados para usar a bandeja sanitária. Parecia uma combinação perfeita.

Uma tartaruga também perambulava pelo espaço, embora "ficasse na dela".

"Os coelhos nunca tinham formado de fato um vínculo entre si", comenta Sheryl. "Mas quando Timmy ofereceu a sua camaradagem, especialmente para a coelha que se chamava Baby – o rejeitado coelhinho da Páscoa – nós ficamos emocionadas. Os dois começaram a esfregar o focinho um no outro." Quando Baby estava animada e saltitante, Timmy guinchava e bamboleava atrás dela, diz Sheryl. "Mas na maior parte do tempo eles eram animais bastante preguiçosos, e apenas ficavam deitados sem fazer nada."

Quando Sheryl ou Lauren retiravam Timmy do quarto para acariciá-lo ou limpá-lo, Baby ia procurá-lo saltitante, empurrando o focinho em locais onde o porco poderia estar. Entretanto, os coelhos tinham uma caixa de papelão fixada acima do chão para que pudessem escapar de Timmy se quisessem. No entanto, não demorou muito para que um dos animais abrisse com a boca um buraco no fundo da caixa. "De repente, Timmy também estava lá dentro. Acho que se Baby não o quisesse lá, ela poderia ter se livrado dele. Mas ela não parecia se importar."

PORQUINHO-DA-ÍNDIA
REINO: Animalia
FILO: Chordata
CLASSE: Mammalia
ORDEM: Rodentia
FAMÍLIA: Caviidae
GÊNERO: *Cavia*
ESPÉCIE: *C. porcellus*

COELHO
REINO: Animalia
FILO: Chordata
CLASSE: Mammalia
ORDEM: Lagomorpha
FAMÍLIA: Leporidae
GÊNERO: *Oryctolagus*
ESPÉCIE: *Oryctolagus cuniculus*

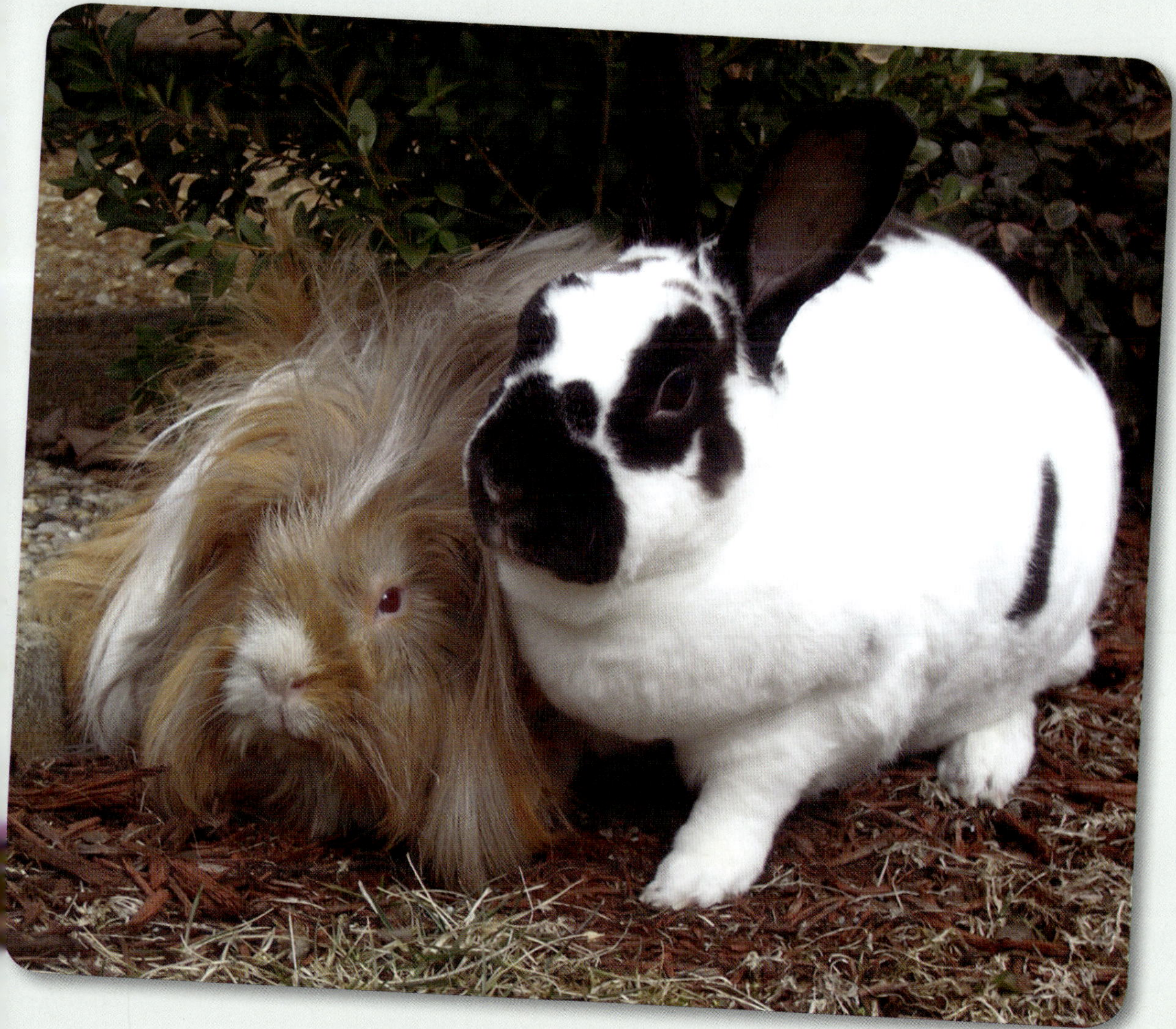

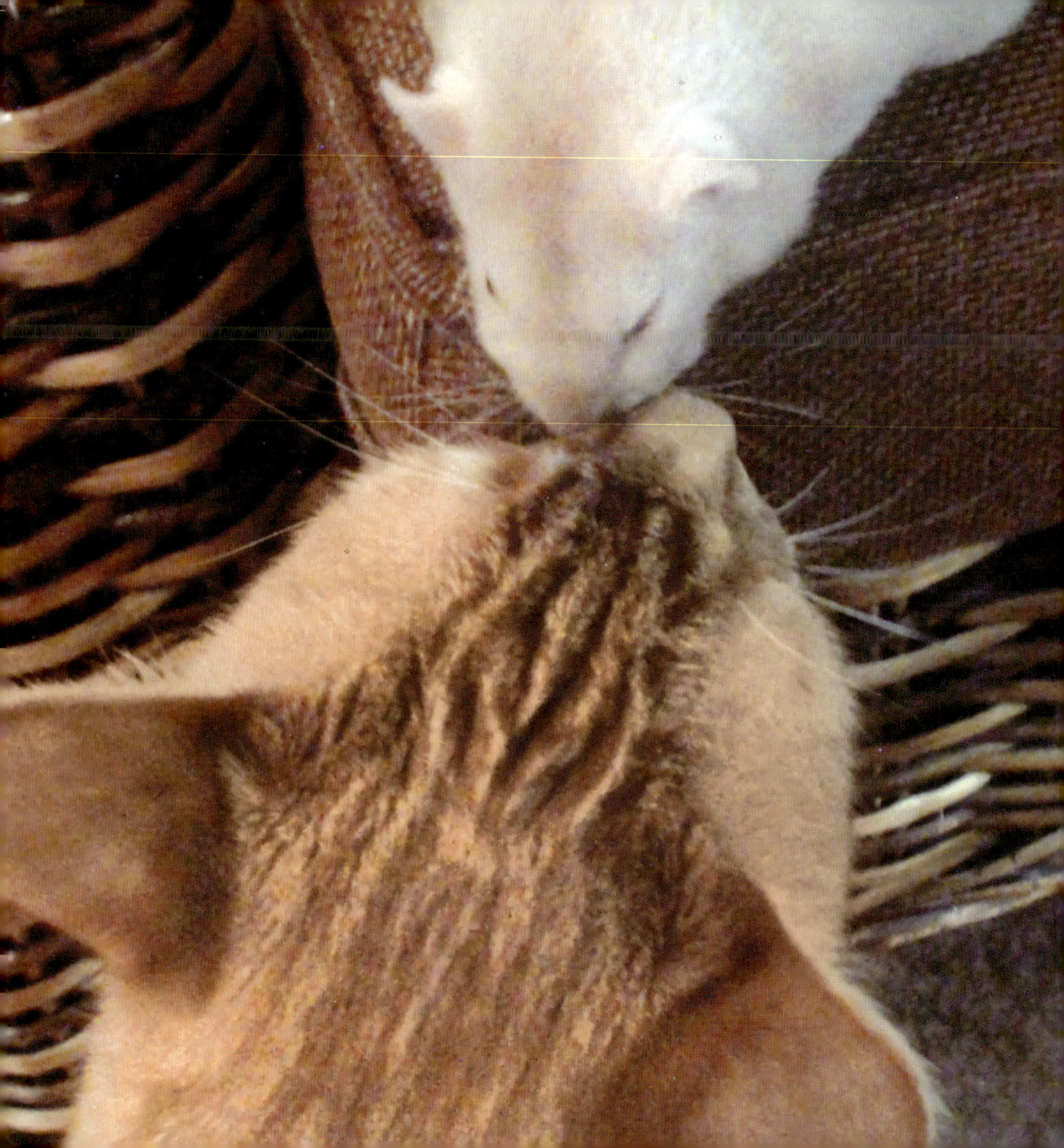

{Ohio, EUA, 2009}

O rato e o gato

Ratos. Eles são pragas imundas, portadores de doenças que andam por ruelas cheias de lixo arrastando atrás de si aqueles horríveis rabos finos e sem pelo. Certo?

Esqueça tudo isso. Os ratos são na realidade pequenos mamíferos inteligentes que têm a reputação injusta de não fazer nada além de se esgueirar furtivamente. É bem verdade que é difícil amar as ratazanas marrons que assomam dos esgotos da cidade. Mas considere-as apenas como sobreviventes. Quando limpos, os membros dessa espécie podem ser excelentes bichos de estimação. Eles também são, quem diria, já que estamos falando de ratos, sensíveis, e está comprovado que eles têm sonhos intricados a respeito de acontecimentos recentes, exatamente como os seres humanos. E, como no caso de Peanut – um rato branco cuja dona é Maggie Szpot de Ohio –, eles são capazes de se deixar cativar pelo seu mortal inimigo, o gato.

> **RATO**
> REINO: Animalia
> FILO: Chordata
> CLASSE: Mammalia
> ORDEM: Rodentia
> FAMÍLIA: Muridae
> GÊNERO: Rattus
> ESPÉCIE: Rattus norvegicus

Ranj, o gato, chegou até Maggie depois de ser um gato de rua, de modo que ela imaginava que os roedores da casa iriam aguçar o seu instinto de caçador. Não foi o que aconteceu! Ranj só demonstrou curiosidade para com os numerosos ratos que Maggie resgatara. Peanut e Mocha, uma dupla que Maggie adotou ao mesmo tempo, não foram uma exceção. "Quando eu os trouxe para casa, coloquei-os dentro de uma área cercada, mas Ranj pulou para dentro e começou a cheirá-los. Ele estava muito calmo, sem revelar nenhum indício de agressividade", diz ela.

Pouco depois de se conhecerem, comenta Maggie, "Peanut estabeleceu uma ligação especial com Ranj e começou a segui-lo por toda parte. Ranj também gostava dela, mas às vezes tentava evitar a incômoda amiga saltando para alguma coisa fora do chão. Peanut simplesmente subia atrás dele!"

Hoje em dia, Peanut gosta de se aconchegar em Ranj e rasteja até se colocar inteiramente debaixo do gato quando ele está sentado. A rata parece sentir conforto com a presença do gato, e fecha os olhos enquanto se aninha no calor do pelo do felino. Ranj às vezes dá um banho de língua em Peanut ou esfrega a cabeça nela quando ela se aproxima dele, diz Maggie. Embora Mocha seja menos amistoso com o gato, e costume persegui-lo e morder o pé dele, ele se junta a Peanut e Ranj na hora das refeições. É uma cena estranha: dois roedores mastigando pedaços da tigela de Ranj enquanto o gato estira o pescoço entre eles para comer, "todos em total descontração".

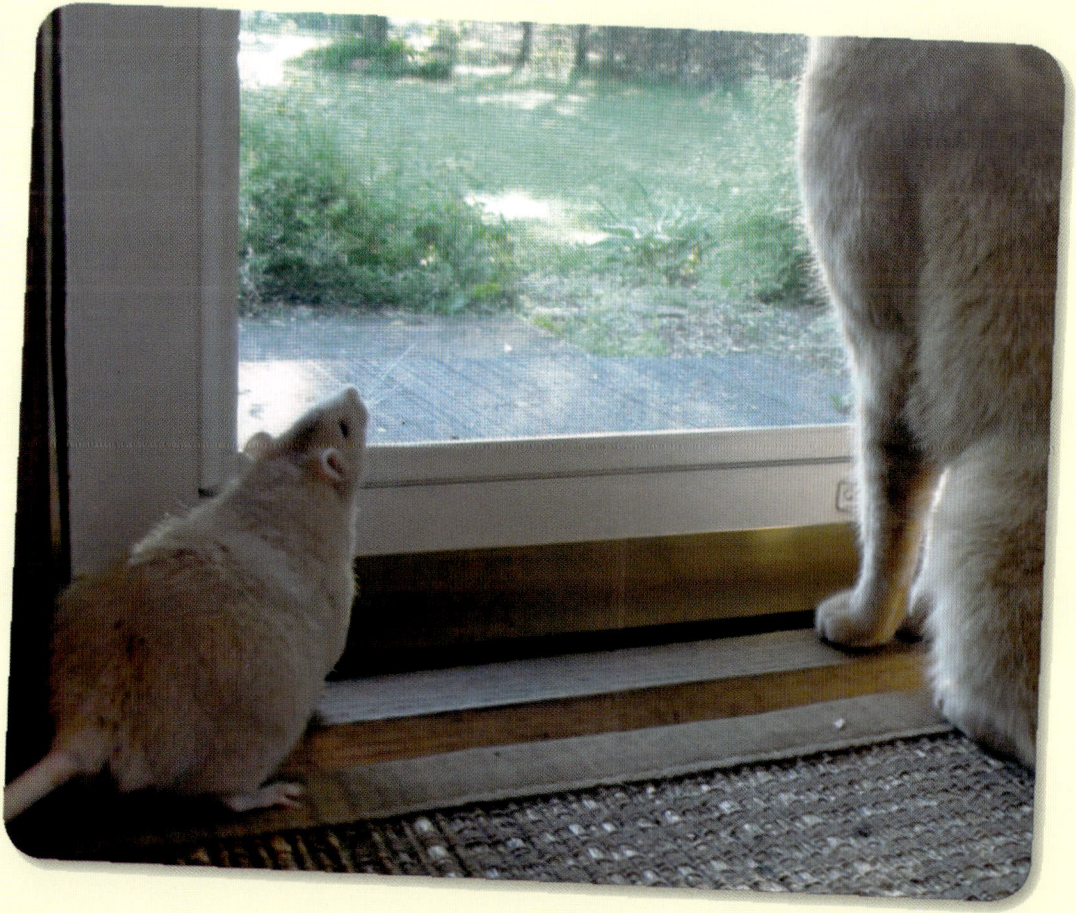

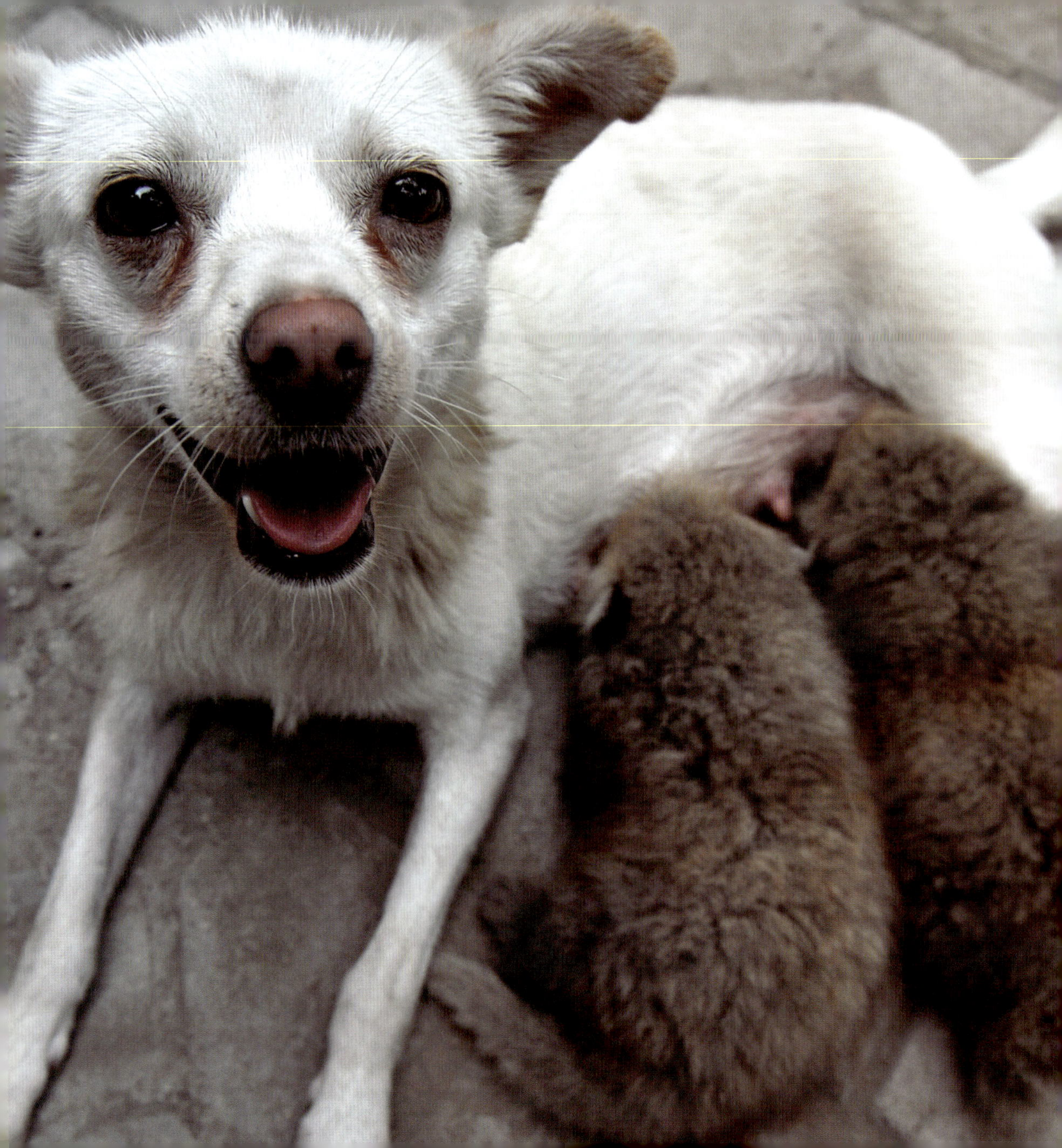

{China, 2009}

Os pandas-vermelhos e a vira-lata maternal

ESTES MINÚSCULOS PANDAS-VERMELHOS SÃO EXTREMAMENTE PRECIOsos, e não apenas pelo seu elevado fator de graça e beleza. Na vida selvagem, a caça e a perda do hábitat ameaçam de extinção a espécie, e o *Ailurus fulgens* é protegido por lei. Portanto, a história de sucesso desses dois pandas em um zoológico chinês é realmente maravilhosa.

Os pandas-vermelhos, também conhecidos como pandas-pequenos, estão apenas remotamente relacionados com os seus grandes homônimos preto e branco. E estão mais estreitamente relacionados com os guaxinins do que com os cachorros, mas os dois pandas-vermelhos desta história se afeiçoaram a uma "mãe" canina como se ela fosse o seu parente mais próximo.

A mãe panda havia sido transferida pouco tempo antes do Zoológico Shaanxi para o Zoológico Taiyuan, situado na Província de Shaanxi na China Setentrional. Debaixo da sua barriga redonda e peluda, a ursa estava pre-

PANDA-VERMELHO
REINO: Animalia
FILO: Chordata
CLASSE: Mammalia
ORDEM: Carnivora
FAMÍLIA: Ailuriadae
GÊNERO: Ailurus
ESPÉCIE: *A. fulgens*

nhe, sem que os zeladores do zoológico tivessem conhecimento do fato, e ela deu prematuramente à luz no novo ambiente. Devido às circunstâncias estressantes, a mãe abandonou os filhotes, deixando os humanos em dificuldades, sem saber como evitar que os filhotes morressem de fome.

A tratadora Li Jin Bang serviu como mãe substituta nos primeiros dias de vida dos filhotes. Como qualquer mãe consciente, ela os alimentava a cada duas horas, dia e noite, com seringas cheias de um leite em pó com uma fórmula especial. Enquanto isso, o zoológico se voltou para a mídia local pedindo ajuda para encontrar um substituto mais adequado para a mãe panda. A equipe do zoológico tinha esperança de encontrar uma pequena cadela que houvesse parido recentemente, tinha bastante leite e um comportamento calmo que não assustaria os filhotes de panda. (O leite da cadela tem uma composição próxima da dos pandas, de modo que os filhotes receberiam quase todos os nutrientes necessários sem precisar de suplementos.) Por sorte, um fornecedor do zoológico que morava em uma fazenda próxima ouviu o apelo e acudiu ao chamado, levando ao zoológico a sua pequena e belicosa vira-lata, que estava com muito leite por estar amamentando trigêmeos. Um dos seus filhotes a acompanhou, para suavizar a transição e manter a mãe canina focada.

Os pandas logo aprenderam a mamar na cadela, e esta se dedicou com naturalidade à sua nova função, às vezes até mesmo deixando os pandas mamarem antes do seu próprio filhote. Mas a nova mamãe era mais do que uma provedora de alimento para os ursinhos. Ela os tratava como se fossem seus, lambendo-os em ambas as extremidades para manter as suas funções corporais funcionando suavemente. Um panda-vermelho fêmea, que pode parir até quatro filhotes cegos[1] de cada vez, costuma passar 90 por cento desses primeiros dias esfregando o focinho nos filhotes e se familiarizando com o cheiro de cada um. A mãe adotiva dos pandas desta história foi igualmente dedicada quando os pandas mais precisavam dela. E os ursinhos, com os olhos ainda bem fechados e emitindo guinchos que mal se ouviam, reagiram sugando o leite dela com prazer e crescendo saudáveis e fortes.

Com o tempo, os pandas foram desmamados, mas durante um longo tempo depois disso, a mãe canina substituta ficava longos períodos do lado de fora da Casa dos Pandas, tentando entrar. Os membros da equipe do Zoológico ficavam comovidos ao ver como o instinto protetor da cadela continuava forte mesmo depois de os ursos já não precisarem mais dos seus cuidados.

Durante algum tempo, a cadela e toda a "sua" prole moraram juntos no zoológico, onde os visitantes podiam se maravilhar com o grupo formado pelas duas espécies. Quando os ursos começaram a engatinhar, Li levava toda a família para passear e deixava que os animais se exercitassem durante várias horas todos os dias. "Os filhotes – tanto os de panda quanto os cachorrinhos – trepavam nas coisas e brincavam como meninos travessos", comenta Li.

---

1. O panda-vermelho nasce cego, começa a abrir os olhos mais ou menos duas semanas depois, mas só os abre completamente quando está aproximadamente com um mês de vida. (N. do T.)

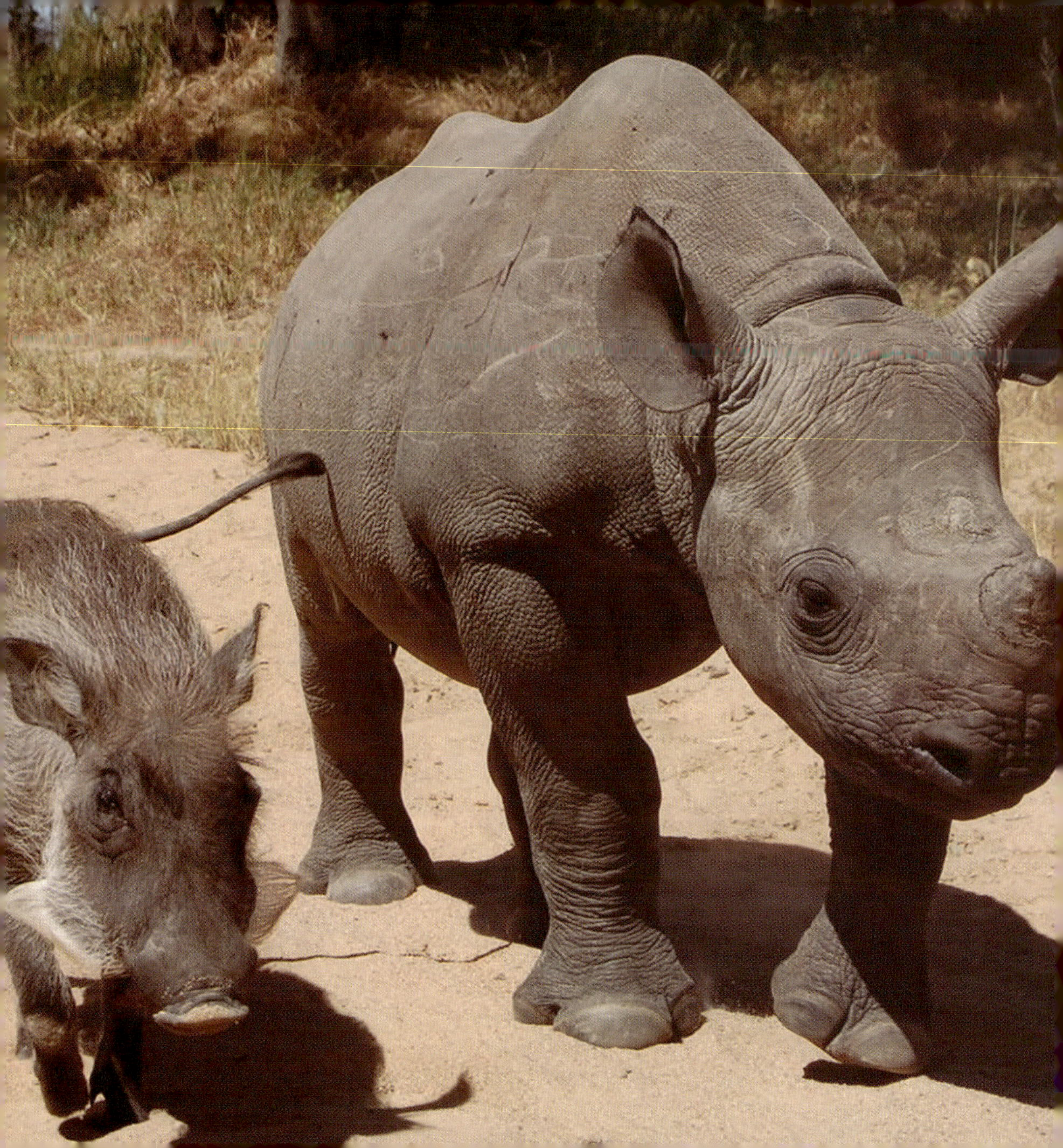

{Zimbábue, 2007}

O rinoceronte, o javali-africano e a hiena

Um rinoceronte, um javali-africano e uma hiena entram no quarto... por acaso esse é o início de uma piada? Nada disso. É uma cena autêntica do Imire Game Reserve no Zimbábue, onde essas três espécies foram durante algum tempo companheiras de casa e de brincadeiras ao lado de uma família de seres humanos.

Tudo começou com o rinoceronte, Tatenda. Durante anos, Jude Travers e a sua família vinham criando, com sucesso, rinocerontes-negros para parques nacionais, uma iniciativa chamada de Projeto de Preservação do Rinoceronte-Negro. Essa espécie está extremamente ameaçada, e restam apenas quatro mil animais na natureza selvagem, de modo que cada indivíduo é muito precioso. Em uma noite terrível, caçadores ilegais em busca de chifres de rinoceronte, que são extremamente valorizados na medicina asiática tradicional e também como objetos decorativos, entraram furtivamente na propriedade Imire e mataram todo o rebanho, embora os rinocerontes tivessem tido os chifres removidos cirurgicamente exatamente com o intuito de dissuadir esse tipo de ataque. Quando a família Travers chegou à cena, Tatenda, que tinha nascido na fazenda três meses antes, estava escondido atrás de um pouco de palha, sendo o único sobrevivente. Ele estava coberto pelo sangue dos pais e em estado de choque devido à terrível experiência. A perda do rebanho foi devastadora, mas Jude e a sua família tiveram que colocar rapidamente de lado a dor e a raiva, e se concentrar em reanimar Tatenda.

Entra em cena Poggle, o javali-africano. Pouco antes do massacre dos rinocerontes, "um minúsculo javali-africano entrou na nossa família", relembra Jude. "Ele era do tamanho da minha mão, e apenas com uma fungada instantaneamente reconheceu o filhote de rinoceronte como um futuro amigo e companheiro." O momento não poderia ter sido mais adequado, pois Tatenda iria se apoiar intensamente no afeto de Poggle – bem como no de Jude Travers – enquanto se recuperava das feridas emocionais.

Finalmente, surge a hiena, Tsotsi, outro órfão que Travers resgatou cerca de dez meses depois. "Inicialmente, ele era o diabo personificado, com os seus olhos pequenos e hábitos noturnos, e se escondia na sua cova (uma cesta revestida com um cobertor)", diz Jude. "Foram necessários alguns meses para que a amizade se desenvolvesse; a hiena precisa passar por um processo muito lento para aprender a sentir confiança."

JAVALI-AFRICANO
REINO: Animalia
FILO: Chordata
CLASSE: Mammalia
ORDEM: Artiodactyla
FAMÍLIA: Suidae
GÊNERO: Phacochoerus
ESPÉCIE: P. africanus

**RINOCERONTE-
-NEGRO**
REINO: Animalia
FILO: Chordata
CLASSE: Mammalia
ORDEM: Perissodactyla
FAMÍLIA: Rhinocerotidae
GÊNERO: Diceros
ESPÉCIE: D. bicornis

Com os cuidados carinhosos de Jude, o trio vicejou e os três logo começaram a gostar uns dos outros como se fossem irmãos. Nas manhãs de sábado, todos podiam ser encontrados no quarto de dormir da família Travers – o javali debaixo dos lençóis, o rinoceronte com o queixo no colo de Jude para que ela o coçasse e a hiena acomodada debaixo da cama. Junto com os seus protetores humanos, o bizarro trio descansava antes do café da manhã. Na hora da refeição (humana), eles não raro passeavam pela mesa e exigiam leite, guloseimas ou outra rodada de afeto. No jardim, os membros do rebanho anticonvencional corriam atrás uns dos outros e brincavam de luta (Tsotsi era com frequência o instigador, dando mordidas no traseiro de Poggle), mastigavam flores e cochilavam juntos debaixo das amoreiras. E os três iam dar passeios no mato, às vezes com Jude ou outro membro da família Travers conduzindo o grupo e um gato doméstico ruivo na retaguarda.

Com o tempo, a família Travers começou os preparativos para soltar Tatenda e Poggle juntos em uma parte mais selvagem de Imire, situada a cerca de 13 quilômetros de distância. Ambos precisavam ter uma vida mais natural entre membros da sua própria espécie. (Tsotsi, que ainda era um pouco jovem para se acasalar, permaneceria até segunda ordem com a família Travers.) Para Jude, era como voltar as costas para entes queridos – o rinoceronte, em

HIENA
REINO: Animalia
FILO: Chordata
CLASSE: Mammalia
ORDEM: Carnivora
FAMÍLIA: Hyaenidae
GÊNERO: *Hyaena*
ESPÉCIE: *H. brunnea*

especial, ocupava um grande espaço no seu coração – mas ela sabia que isso era o certo para os animais. "É uma tragédia quando ações humanas resultam em órfãos que precisam desse tipo de cuidados", diz Jude. "Poder criá-los como animais domésticos e depois inseri-los novamente no seu ambiente natural, onde eles possam se apoiar nos seus verdadeiros instintos, é a meta suprema."

A transição do rinoceronte e do javali-africano para as terras da reserva foi um sucesso. Eles perambularam juntos no início, mas com o tempo o javali, que era uma fêmea, "ficou selvagem", acasalou-se e pariu três filhotes. Tatenda acabou voltando a atenção para outros rinocerontes na propriedade de 4.500 hectares, onde "é adorado pelas meninas" (ou seja, pelas meninas rinocerontes), diz Jude. Tsotsi, que tinha ficado sozinho depois que os seus amigos foram transferidos para a natureza selvagem, foi um dia para o mato e nunca mais voltou.

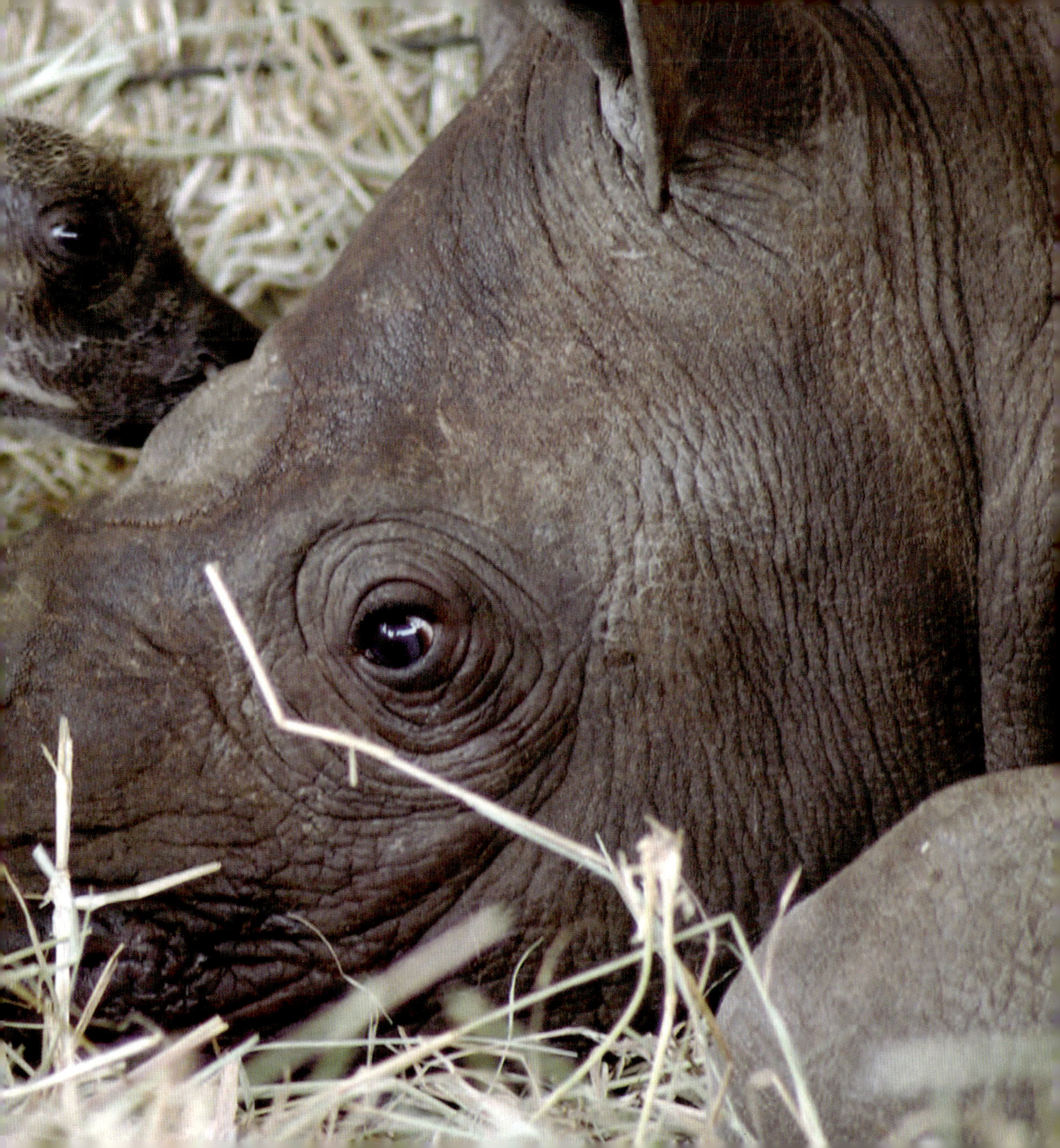

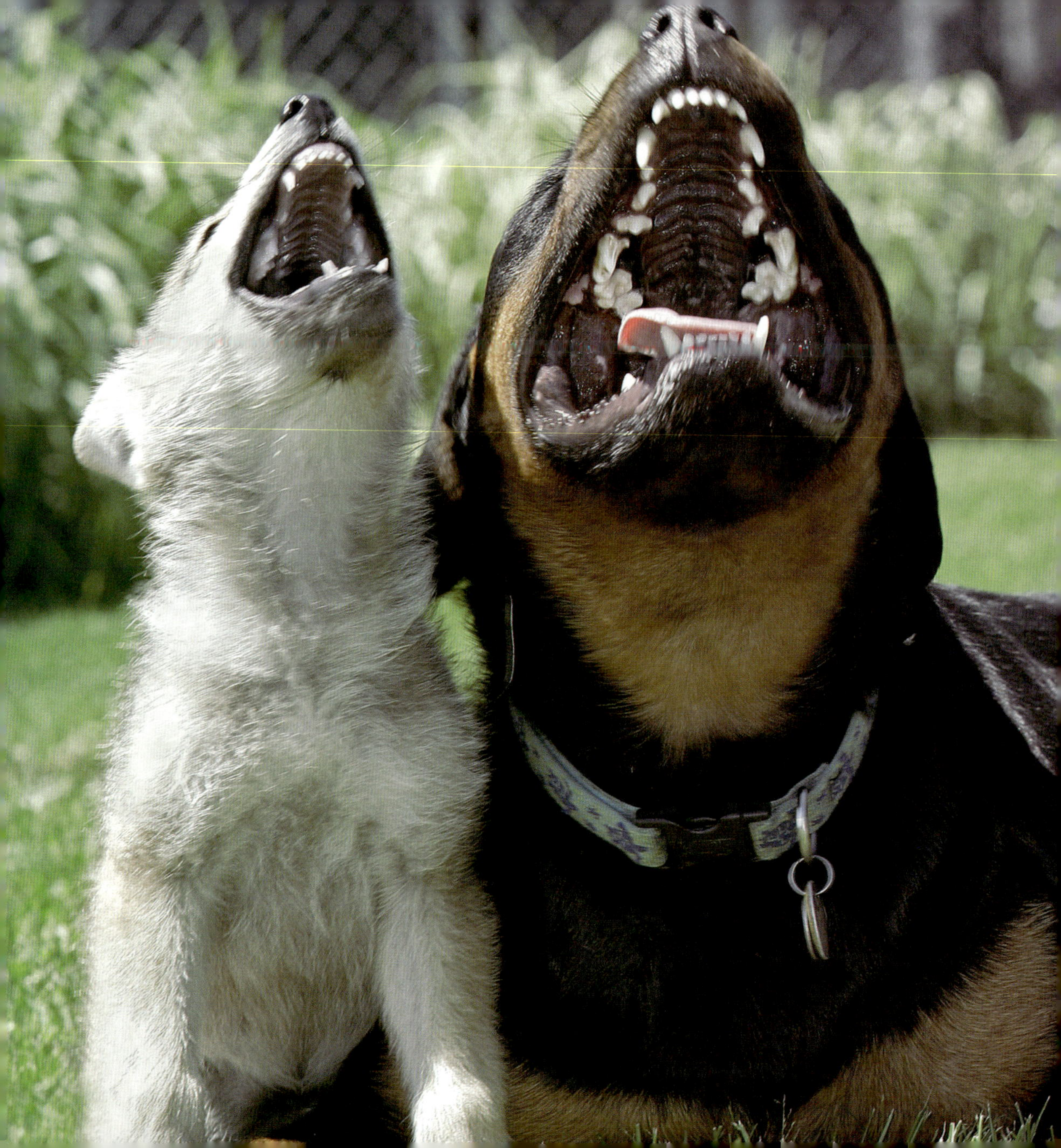

{Maine, EUA, 2009}

O rottweiler
e o filhote de lobo

O nascimento do lobinho foi totalmente inesperado. Os membros da equipe da Kisma Preserve em Mt. Desert, Maine, achavam que os dois jovens adultos eram novos demais para procriar, de modo que não estavam esperando uma gravidez. Só que nasceu um filhote – filho de uma mãe que ainda não era madura o bastante para entender o seu papel materno. "Ela não foi agressiva", relata a diretora da reserva, Heather Grierson, "mas não tinha o menor traço de instinto maternal. Ela simplesmente não sabia o que fazer com a filha." Os membros da equipe da reserva estavam acostumados a levar trabalho para casa. Nesse caso, Heather decidiu oferecer a sua casa para criar o animalzinho, uma trouxinha indefesa com os olhos ainda bem fechados.

Ulrok, o rottweiler, estava presente para recebê-los quando Heather chegou em casa com o seu minúsculo protegido. "Desde o início, ele se mostrou

LOBO
REINO: Animalia
FILO: Chordata
CLASSE: Mammalia
ORDEM: Carnivora
FAMÍLIA: Canidae
GÊNERO: Canis
ESPÉCIE: C. lupus

excessivamente interessado", comenta Heather. "No início, interpretei erroneamente a atitude de Ulrok, achando que ele poderia ser bruto demais. Além disso, ele é enorme, jovem e desajeitado, e poderia machucá-la sem querer. Mas não foi o que aconteceu. Em vez disso, ele foi impressionantemente maternal." Quando o filhote choramingava, "ele queria lambê-lo da cabeça ao traseiro, normalmente a função da mãe. Ulrok simplesmente assumiu o controle. Se ele pudesse ter amamentado o animalzinho, teria feito isso."

A lobinha era totalmente receptiva aos gestos de boa-vontade do rottweiler, feliz com a atenção que recebia. E depois que percebeu que Ulrok só ficava contente se o filhote estivesse ao alcance das suas lambidas, Heather deixou que eles compartilhassem uma cama para que pudessem se aconchegar. O filhote, ainda desajeitado, tentava brincar com o grande cachorro, lambendo até mesmo a boca de Ulrok e mastigando a língua dele para tentar fazê-lo regurgitar a comida, como os lobos fazem na natureza. "Ulrok neutralizava a lobinha com a pata quando ela ficava entusiasmada demais, mas era extremamente paciente com ela!"

Os costumes lupinos do filhote também se manifestavam na hora das refeições. Quando se trata de comida, os lobos e os cachorros domésticos bem-alimentados são animais muito diferentes – não tanto com relação ao que gostam de comer, mas na extensão do que farão para proteger o seu almoço. Qualquer lobo que se preze franze a boca, rosna, abre as pernas em posição de ataque e deixa transparecer nos olhos a sua natureza selvagem se sentir que a sua comida está sendo ameaçada. A lobinha fazia a mesma coisa, e Ulrok respeitava o espaço dela. "Aqui estava essa lobinha que pesava pouco mais de dois quilos rosnando para um cachorro com mais de cinquenta quilos, e ele simplesmente recuava e deixava que ela comesse", diz Heather. "As pessoas acham que se criarem um lobo em cativeiro, ele será um animal de estimação igual ao cachorro. Isso não é verdade. Sua natureza é diferente."

 Essa diferença de temperamento e comportamento é uma das razões pelas quais Heather queria tomar medidas para que a loba fosse exposta à sua própria espécie o mais rápido possível. Assim sendo, no momento adequado, o filhote foi apresentado na reserva a uma velha loba chamada Morticia, que vivia sozinha havia muitos anos. Felizmente, as duas se identificaram desde o início. "A lobinha so-

ROTTWEILER
O rottweiler, originário da Alemanha, é uma das mais antigas raças de cães pastores, recuando ao Império Romano, quando eles ajudavam a arrebanhar o gado para a legião romana.

prou nova vida na velha loba, que se tornou mais ativa por ter um jovem animal por perto. Ela também logo começou a regurgitar comida para a lobinha e a ensinar-lhe maneirismos e comportamentos lupinos", diz Heather. Mais convencidos do que nunca de que a lobinha sabia quem ela era, os membros da equipe da reserva se sentiram confiantes em fazer planos para integrá-la a uma das alcateias capturadas quando chegasse o dia em que a idosa Morticia já não estivesse presente para a sua jovem companheira.

Quanto a Ulrok, cuja raça é conhecida pelo seu instinto gregário e protetor, ele passou a oferecer os seus serviços parentais a inúmeros animais na reserva, entre eles filhotes de tigre, um filhote de gibão e até mesmo uma tartaruga-leopardo machucada. "Ele é realmente um rottweiler que só quer paz, amor e felicidade neste mundo", afirma Heather. "Ele estava simplesmente destinado a esta vida."

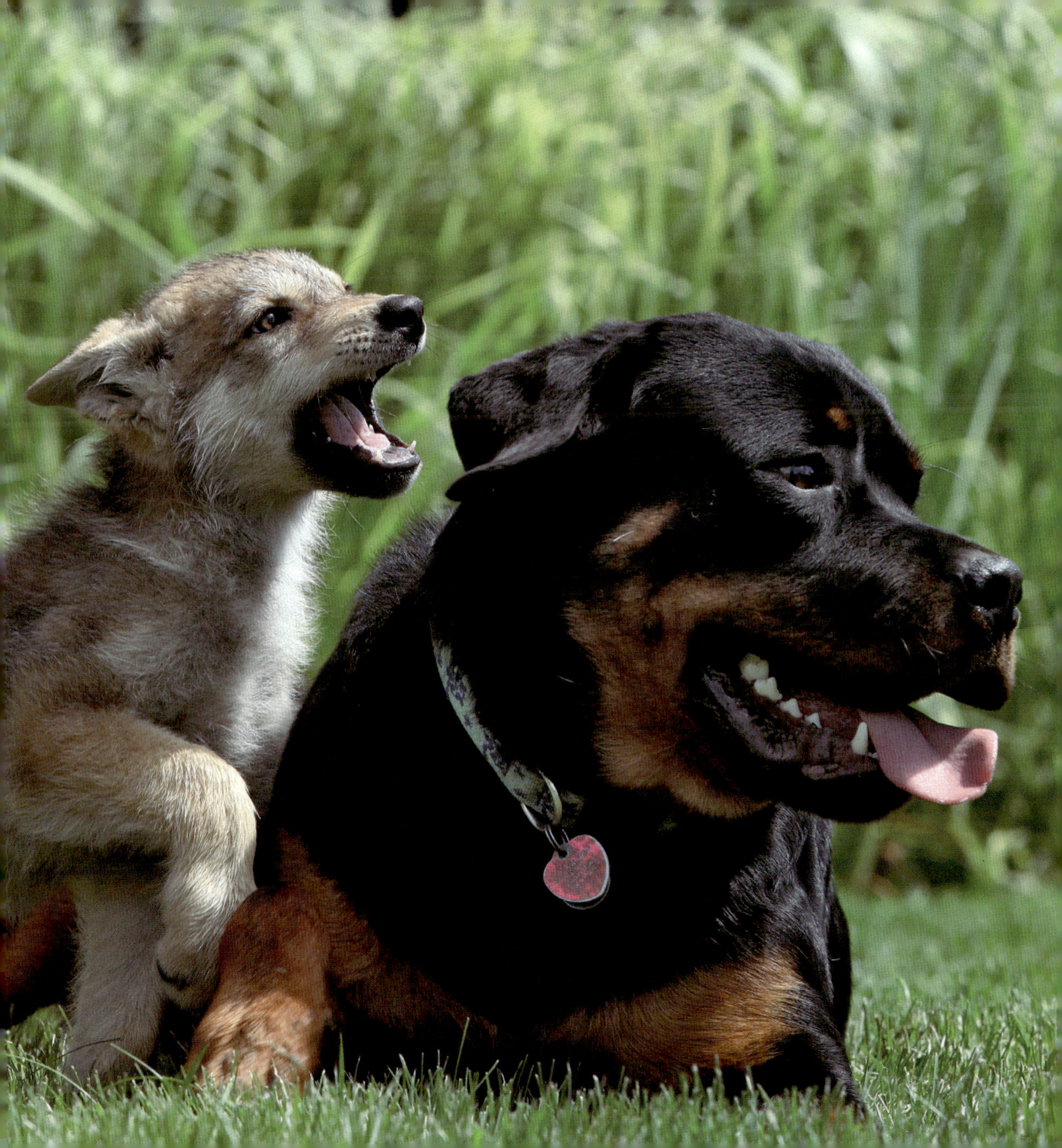

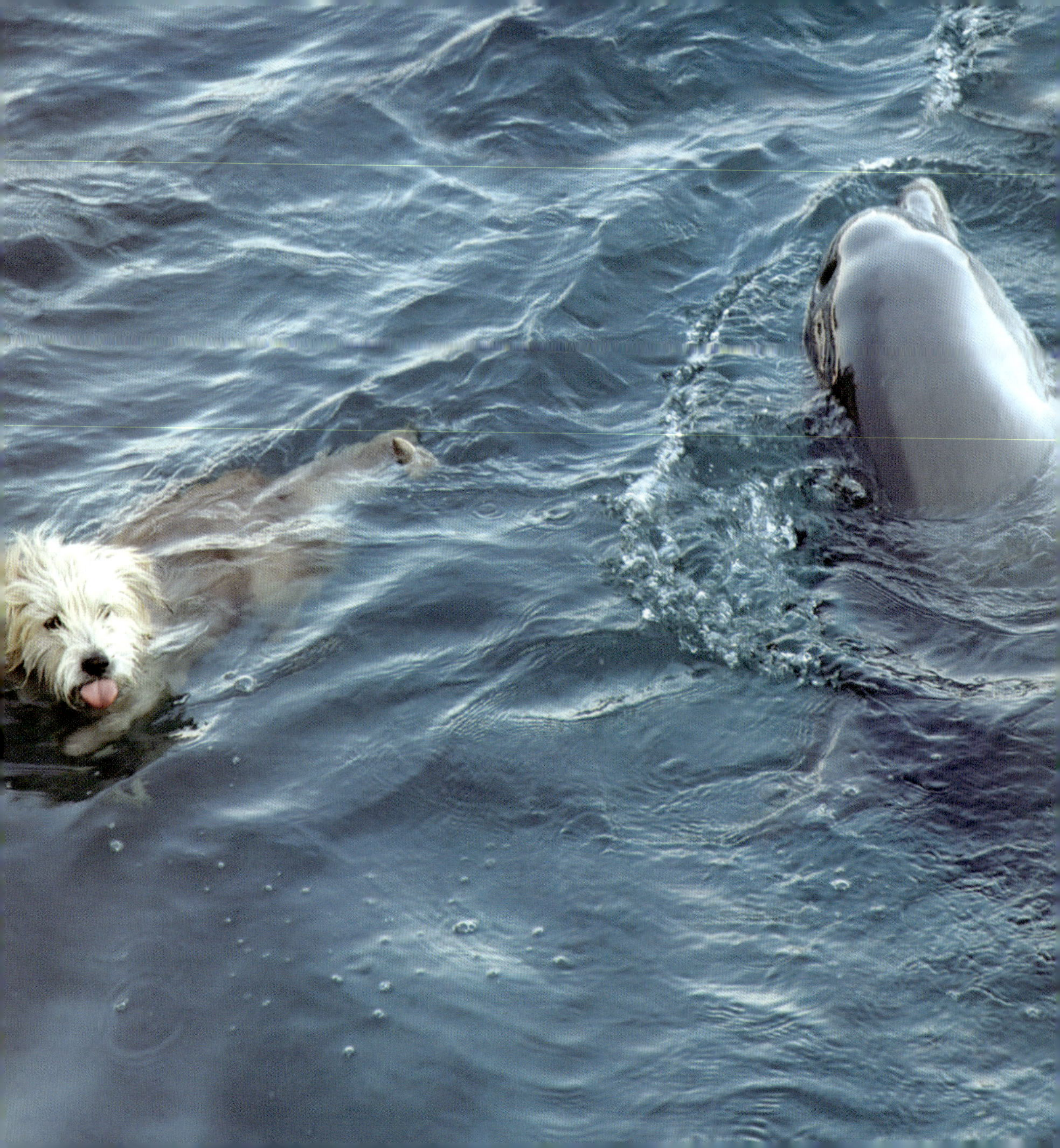

{Israel, 2000}

O cachorro e os golfinhos

NO LADO SUL DE EILAT EM ISRAEL, ONDE O MAR VERMELHO AVANÇA LENtamente em direção a costas arenosas, atulhadas de turistas, um cachorro felpudo deu um salto de fé.

O seu nome era Joker, e em um dia quente da primavera de 2000 ele simplesmente apareceu em Dolphin Reef, um resort turístico à beira-mar especializado em encontros com golfinhos, os populares mamíferos marinhos. O cachorro pertencia a uma família que morava na cidade, mas ele parecia se sentir mais em casa no píer de madeira de Reef sobre o mar.

No início, os donos do resort não ficaram satisfeitos com o visitante canino. Ficaram preocupados, achando que ele iria correr atrás dos gatos, galinhas e pavões que viviam na propriedade. Mas Joker continuou a voltar – vindo todos os dias de onde quer que dormisse à noite – sem nunca levantar uma pata para os outros animais. Na realidade, ele parecia completamente desinteressado de todas as espécies exceto uma: os golfinhos.

Dolphin Reef tem uma população de oito golfinhos-nariz-de-garrafa, todos eles filhos de um macho chamado Cindy, considerado o dom-juan do grupo. (Isso mesmo, "Cindy" é um macho.) E de vez em quando os animais recebem livre acesso ao mar aberto e lhes é permitido escolher entre o Reef e a natureza selvagem. Assim sendo, enquanto eles encontram seres humanos e recebem comida, o seu comportamento permanece bastante natural – inclusive as suas brincadeiras.

As acrobacias deles atraíram o interesse de Joker durante muitos dias. Ele ficava sentado na doca observando os golfinhos enquanto eles se reuniam, gritavam, patinhavam e subiam velozmente através das ondas. Certo dia, na hora em que eles estavam sendo alimentados, Joker abandonou o seu posto de observação em terra firme e saltou dentro d'água.

Os golfinhos pareceram acolher com prazer o cão no seu mundo, de modo que, depois desse primeiro salto, esses momentos se tornaram rotineiros. Durante algum tempo, a equipe do Reef amarrou Joker no horário das refeições dos golfinhos para impedir que ele os distraísse enquanto estivessem comendo. O cachorro logo percebeu que podia cair na água a qualquer momento, exceto na hora das refeições. Ele aprendeu a ler os sinais dos mamíferos aquáticos e "só pulava na água quando os golfinhos o provocavam ou convidavam", afirma Tal Fisher, um dos treinadores dos golfinhos.

Joker se tornou de certo modo uma estrela, e pessoas que o viam fazendo a sua jornada diária em direção ao resort lhe davam uma carona – apesar do seu cheiro de ca-

**GOLFINHO-NARIZ-
-DE-GARRAFA**
REINO: Animalia
FILO: Chordata
CLASSE: Mammalia
ORDEM: Cetacea
FAMÍLIA: Delphinidae
GÊNERO: Tursiops
ESPÉCIE: T. truncatus

chorro salgado – e o desembarcavam no seu local favorito. Ele sempre se dirigia diretamente para o píer de madeira sobre a água, onde os seus amigos brincalhões o saudavam.

 Com o tempo, os donos do cachorro perceberam que Joker era mais feliz no Reef, e deixaram que o vira-lata se mudasse permanentemente e fosse morar com os donos do resort para que ele pudesse ter um acesso mais fácil aos seus companheiros aquáticos. Até hoje, Joker dorme muitas noites na doca, pronto para começar a manhã latindo para os golfinhos quando estes se reúnem embaixo. Ele então pula dentro d'água para brincar com eles. "Eles reagem nadando em volta dele e batendo na água com o rabo", diz Tal. "Eles até mesmo falam com ele." Como os latidos do cachorro e os sons emitidos pelos golfinhos se traduzem através das espécies é um mistério. Mas os animais mutuamente curiosos parecem ter descoberto uma linguagem comum na brincadeira.

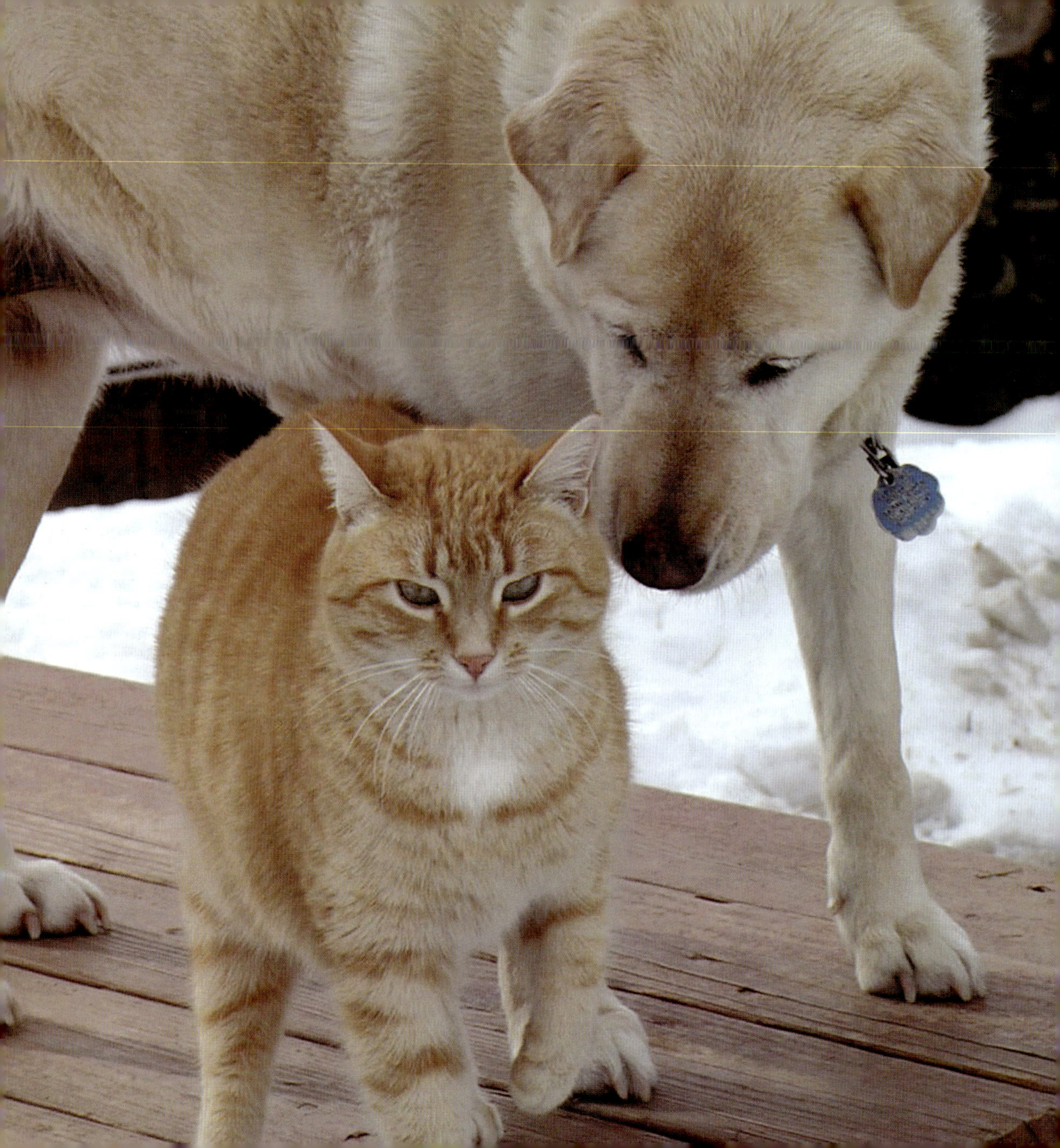

{Pensilvânia, EUA, 2008}

A gata-guia e a labradora cega

QUEM JÁ NÃO SE ADMIROU COM AS INCRÍVEIS PARCERIAS ENTRE OS cães-guias e as pessoas que eles ajudam a se deslocar em um mundo de escuridão? Os cães são especialmente treinados para ser os olhos dos cegos, e extraordinárias amizades resultam dessa íntima experiência entre duas espécies.

Mas você já ouviu falar em um gato-guia? Eis um caso desse tipo, sobre uma gata tigrada chamada Libby. Ela não apenas fez um autotreinamento para ajudar os cegos; a sua protegida não era nem mesmo humana – era canina.

Libby, uma gata de rua, foi adotada em 1994 por Terry e Debra Burns no nordeste na Pensilvânia. A gata, que não era maior do que uma bola de beisebol quando o casal a levou para casa, adaptou-se bem ao seu novo ambiente, inclusive à labradora mestiça que já morava lá. Tendo sido criados juntos, os animais se davam bem, mas, na maior parte da vida deles, as suas interações foram limitadas.

No entanto, por volta dos 12 anos de idade, Cashew começou a perder a visão. E à medida que a visão dela ia se degenerando, Libby, a gata, começou, de repente, a proteger a cadela com quem morara a vida inteira na mesma casa. Ela se colocava bem embaixo do queixo de Cashew enquanto a cadela cega se deslocava pela casa ou pelo jardim. Juntas, se aproximavam de uma tigela de comida ou buscavam um local ensolarado no pátio que pudessem compartilhar. Onde quer que Cashew fosse, Libby estava presente para guiá-la. Elas pareciam se comunicar, diz Terry. "Era como se Libby dissesse: "Cuidado com o banco mais à frente", ou "Aqui está a sua tigela com água!" A gata também começou a aparecer no trajeto que Terry percorria quando levava Cashew para passear, às vezes observando à distância, em outras ocasiões caminhando ao lado deles – "para que a cadela soubesse que ela estava por perto, zelando por ela", diz ele. "À medida que o tempo ia passando, elas iam ficando cada vez mais próximas."

Quando Cashew morreu, com quase 15 anos de idade, Libby pareceu se perguntar aonde ela teria ido, e começou a procurá-la nos lugares onde ela costumava ficar. Libby nunca se afeiçoou da mesma maneira ao outro cachorro da família. Parecia que nenhum outro companheiro poderia um dia vir a substituir o seu improvável relacionamento com a velha labradora cega.

> Muitos hospitais têm cachorros e gatos "na equipe" para ajudar pacientes que sofrem de uma série de problemas, entre eles demência e pressão alta.

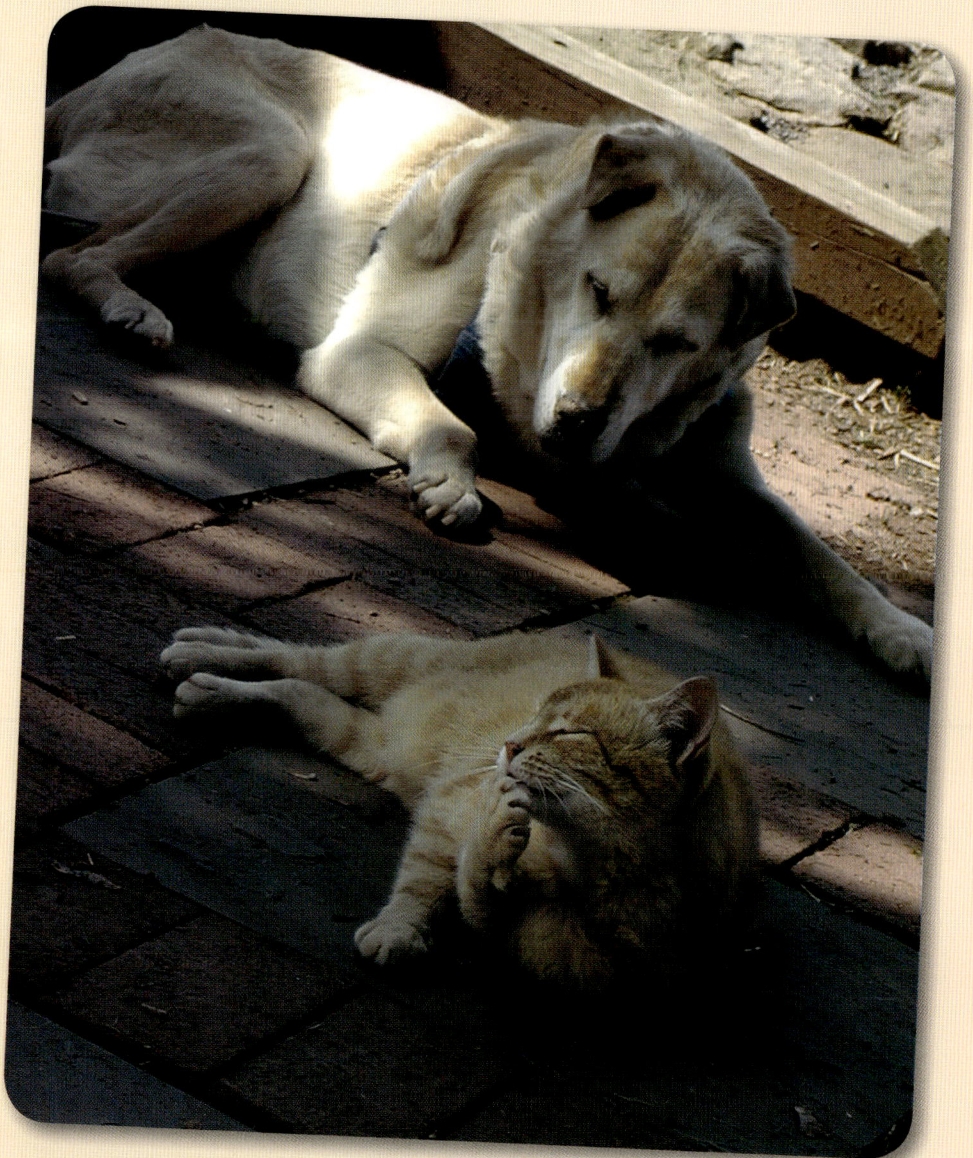

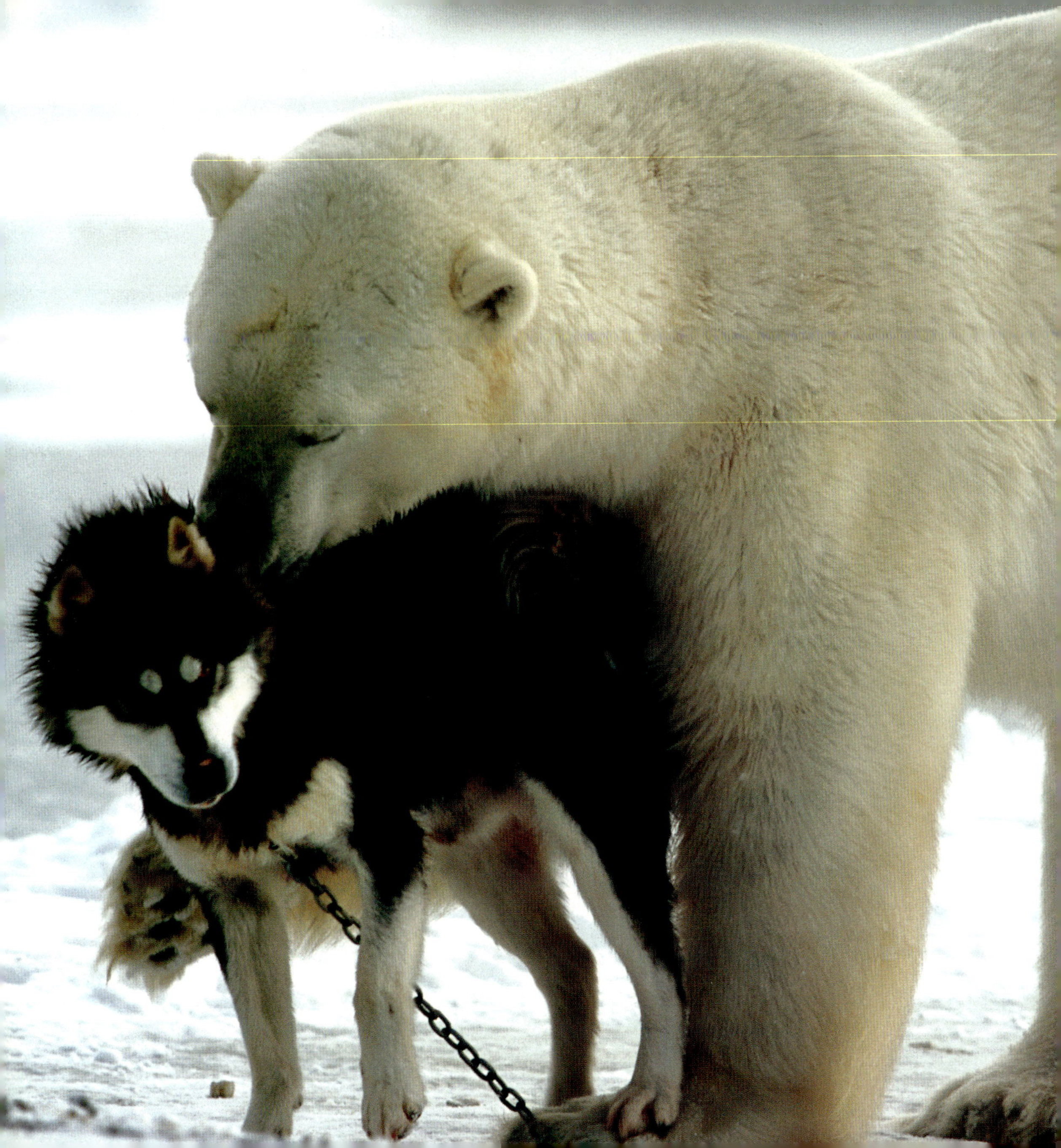

{Canadá, 1992}

O cão de trenó e o urso-polar

Nas terras distantes do norte gelado, em uma cidade canadense chamada Churchill, um fotógrafo foi testemunha de uma surpreendente interação entre espécies.

Churchill é conhecida pelos seus ursos-polares – uma população particularmente arrojada que vive em uma proximidade incomum das pessoas. A linha entre a natureza selvagem e a civilização frequentemente se torna indistinta quando os ursos se aventuram a sair do seu território gelado de alimentação e vão até a cidade remexer o lixo em busca de uma refeição fácil. E em um lugar onde trenós puxados por cães são um meio comum de transporte, sem dúvida é provável que os ursos bicões topem com cachorros de vez em quando.

Sabe-se que ursos perigosos matam às vezes cães de trenó. Assim sendo, em um dia de novembro, quando o fotógrafo Norbert Rosing avistou um

> **URSO-POLAR**
> REINO: Animalia
> FILO: Chordata
> CLASSE: Mammalia
> ORDEM: Carnivora
> FAMÍLIA: Ursidae
> GÊNERO: Ursus
> ESPÉCIE: U. maritimus

enorme macho se aproximando de uma área onde várias dezenas de cães esquimós estavam protegidos dentro de um cercado, ele ficou preocupado com a segurança deles. "Quase todos os cães começaram a latir, a puxar a corrente, quando o urso se aproximou", relembra Norbert. Mas um dos cachorros permaneceu calmo, destacando-se dos outros. Enquanto o fotógrafo observava, o urso avançou na direção do cão que não estava eriçado. Em seguida, inesperadamente, o urso se deitou, rolou pelo chão e estendeu a gigantesca pata, como se pedindo ao cachorro que brincasse com ele ao mesmo tempo que prometia não machucá-lo.

O cão se mostrou inicialmente cauteloso, mas, à medida que a sua confiança foi aumentando, os dois começaram a brincar. Ambos foram inicialmente delicados – o urso puxou a perna do cachorro, mordendo em seguida a anca dele, e o cão respondeu da mesma maneira. Quando o urso testou o companheiro de brincadeira com uma mordida mais forte, o cão uivou de dor. "O urso soltou-o imediatamente, e depois voltou e começou a brincar de novo, com mais cuidado", descreve Rosing. "No final, os dois estavam 'lutando' como velhos amigos, com o urso deitado de costas e o cachorro pulando na barriga dele. O urso segurava a cabeça do cachorro entre as patas e eles saíam se engalfinhando. Foi uma cena impressionante."

Os animais brincaram rudemente por cerca de vinte minutos até que o urso foi embora. No entanto, ele voltou durante vários dias e a dupla reiniciou a brincadeira. Interações semelhantes foram a partir de então

> **CÃES DE TRENÓ**
> O husky siberiano e o malamute do Alasca são dois dos cães de trenó de raça pura mais renomados, e são conhecidos tanto pela sua capacidade de resistência quanto pela velocidade.

relatadas em Churchill, às vezes com vários ursos brincando com vários cães ao mesmo tempo. Os ursos foram vistos protegendo o grupo de cães, afugentando parentes menos afáveis.

    Lamentavelmente para todos os envolvidos, esse tipo de interação com os ursos-polares – que já é extremamente rara – poderá um dia vir a ser coisa do passado, relembrada apenas por meio de histórias como esta e fotografias. A mudança climática está derretendo o gelo do Ártico a uma velocidade alarmante. Muitos cientistas advertem que o número de ursos-polares, que vivem em abundância dentro do Círculo Ártico, está declinando de tal maneira, que eles estão vulneráveis à extinção em um futuro próximo. Os ursos contam com vastas extensões de gelo e grandes banquisas de onde caçam focas. Quando o gelo se tornar mais escasso, os carnívoros sofrerão – e ficarão mais propensos, sem dúvida, a entrar em cidades como Churchill para se alimentar de cães de trenó, e não em busca da amizade deles.

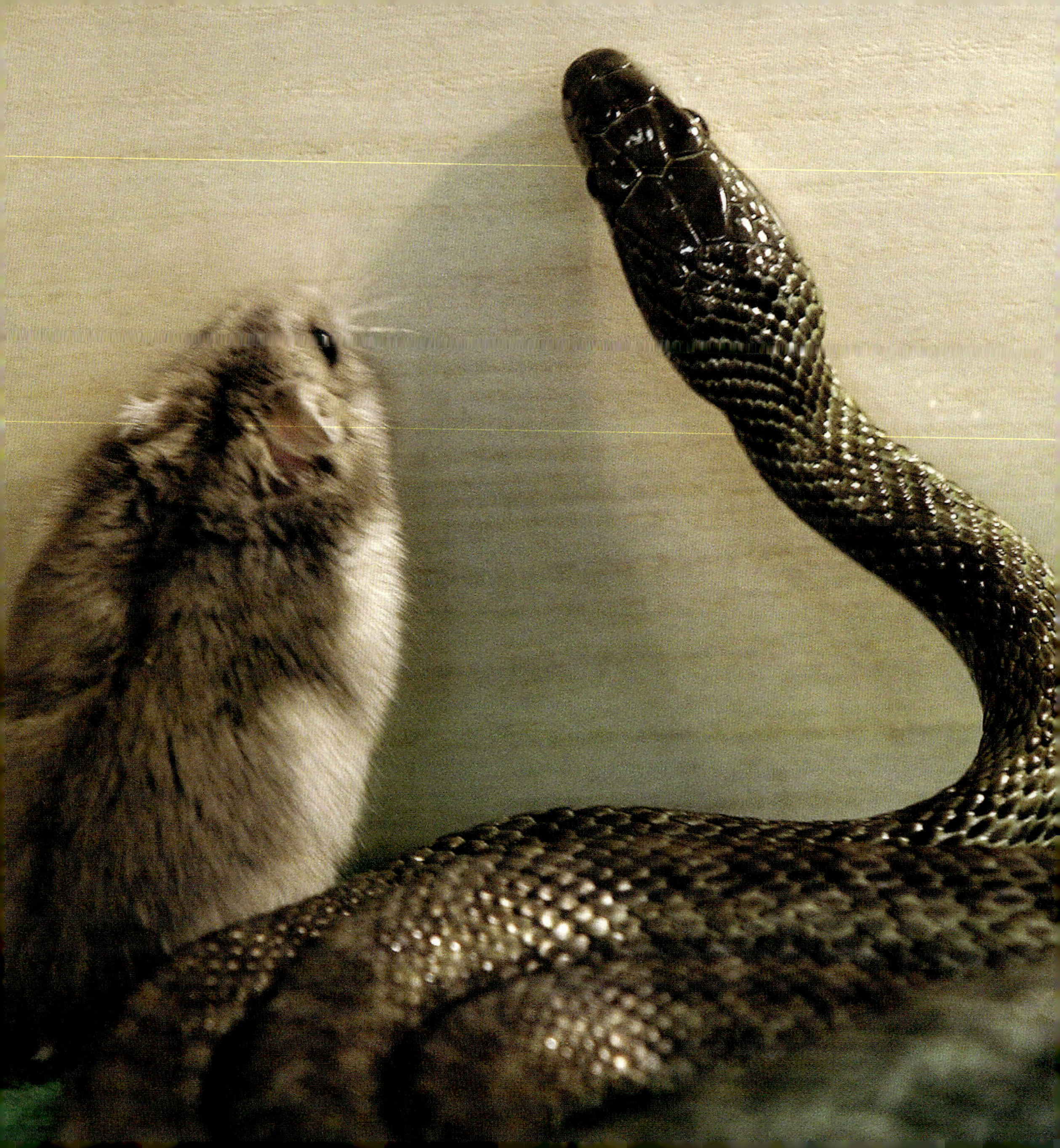

{JAPÃO, 2006}

A cobra e o hamster

QUERIDOS DONOS DE COBRAS E AMIGOS DE PEQUENOS ROEDORES: por favor não tentem fazer isso em casa. Em um dos casos provavelmente mais estranhos de relações entre espécies, uma *rat snake* [cobra devoradora de ratos] com mais de um metro de comprimento no Zoológico Mutsugoro Okoku em Tóquio, no Japão, pareceu feliz em enrodilhar um hamster dentro dos seus anéis musculosos em vez de lhe dar um abraço mortal e engoli-lo inteiro.

Um dos tratadores do zoológico, que foi entrevistado por um produtor de vídeo, disse que, quando capturou a cobra, ela ficou em jejum durante duas semanas, sem se interessar por rãs ou outros pequenos animais que lhe eram oferecidos como refeição. O tratador finalmente colocou um hamster na jaula, pressupondo que um mamífero quente e ativo iria despertar o apetite da cobra.

No início, a interação pareceu bastante normal. O hamster, jocosamente chamado de Gohan – "refeição" em japonês – perambulou pela jaula e cheirou a cobra de cabo a rabo. A cobra, Aochan, sentiu o calor do animal e "provou" o ar em volta dele com pequenos movimentos da língua, como faria antes de qualquer refeição. No entanto, além de a cobra não atacar nem comer o hamster, o tratador teve a impressão de que os dois inimigos naturais estavam começando a demonstrar afeto um pelo outro. Logo Gohan estava subindo e passeando pelo corpo da cobra, e se remexendo entre os anéis dela como se estivesse procurando uma cama. Em seguida, o hamster se instalou no abraço da cobra, e Aochan até mesmo ajustou o corpo para acomodar a pequena criatura. "Senti que o relacionamento não envolvia comida e, sim, amizade", declarou o tratador na entrevista. Os animais permaneceram juntos sem nenhum incidente.

O fato de uma cobra conhecida pela rapidez do seu ataque e poder de sufocar animais de sangue quente poder ter sido um conforto para um roedor nervoso é uma ideia encantadora. É claro que existem explicações mais prováveis. Esse tipo de cobra hiberna durante a estação fria, apresentando uma queda no metabolismo destinada a conservar energia. Assim sendo, é provável que Aochan simplesmente não estivesse com fome, e o seu impulso predador estivesse em marcha lenta. Se ela tivesse sido apresentada a Gohan no verão, as coisas talvez tivessem terminado de uma maneira bem diferente.

HAMSTER
REINO: Animalia
FILO: Chordata
CLASSE: Mammalia
ORDEM: Rodentia
FAMÍLIA: Cricetidae
GÊNERO: Mesocricetus
ESPÉCIE: Mesocricetus raddei

RAT SNAKE
REINO: Animalia
FILO: Chordata
CLASSE: Reptilia
ORDEM: Squamata
FAMÍLIA: Colubridae
GÊNERO: Elaphe
ESPÉCIE: E. climacophora

Independentemente do motivo da interação pacífica dos animais, esse tipo de comportamento foi intrigante e atraiu muitos visitantes ao zoológico, que queriam ver o abraço inesperado de uma cobra com um roedor.

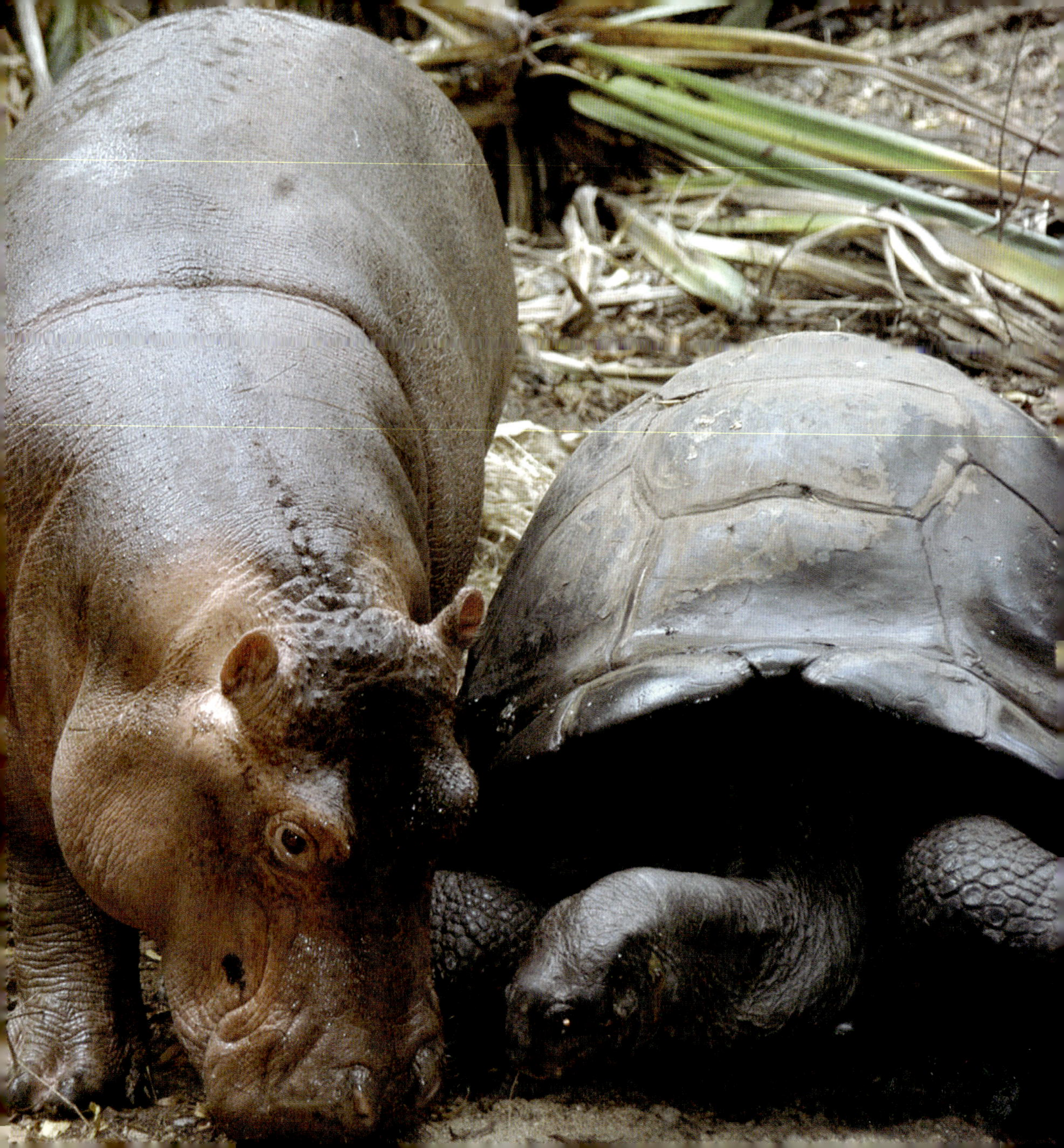

{Quênia, 2005}

A tartaruga e o hipopótamo

ESTA HISTÓRIA TORNOU-SE RAPIDAMENTE UM DOS EXEMPLOS MAIS FAmosos da amizade entre espécies já relatados. Os répteis não são normalmente conhecidos pela sua natureza meiga e amigável. E o mesmo pode-se dizer dos hipopótamos.

Conta a história que, quando o fatídico tsunami de dezembro de 2004 atingiu a costa do Quênia perto da aldeia de Malindi, as ondas levaram embora todos os hipopótamos de um bando que chafurdava no Rio Sabaki, com exceção de um. Este único sobrevivente era um filhote de quase trezentos quilos que os habitantes da aldeia conseguiram, por meio de um esforço colossal, capturar e transportar para o Haller Park Wildlife Sanctuary em Mombasa.

Os hipopótamos podem ser agressivos e mal-humorados, até mesmo com os da sua própria espécie. Assim sendo, o filhote Owen, que recebeu o nome de um dos membros da sua equipe de resgate, foi colocado em um re-

TARTARUGA-GIGANTE
REINO: Animalia
FILO: Chordata
CLASSE: Sauropsida
ORDEM: Testudines
FAMÍLIA: Testudinidae
GÊNERO: Aldabrachelys
ESPÉCIE: A. gigantea

cinto cercado junto com animais pequenos e pacíficos como os cercopitecos verdes, antílopes africanos e, por acaso, com uma tartaruga macho gigante Aldabra de 130 anos de idade chamada Mzee.

Foi então que coisas estranhas e maravilhosas começaram a acontecer. Owen imediatamente se aproximou de Mzee e se agachou atrás dele como se estivesse se escondendo atras de uma grande rocha. Mzee se afastou, parecendo incomodado, mas o hipopótamo insistiu. E na manhã do dia seguinte, os dois tinham se acomodado em uma espécie de desajeitado abraço. Os hipopótamos na vida selvagem se comprimem uns contra os outros, mas exceto no caso da mãe com os filhotes, não formam realmente um vínculo social. As tartarugas-gigantes também andam em bandos sem formar grandes ligações. O jovem hipopótamo, talvez carente de atenção materna, encontrou algo confortante em um velho réptil havia muito tempo apegado aos seus hábitos – um emparelhamento extremamente improvável.

Os filhotes de hipopótamo geralmente ficam com a mãe durante quatro anos, aprendendo a ser hipopótamos. Neste caso, Owen começou a aprender a ser uma tartaruga. De acordo com Paula Kahumbu, administradora de Haller Park, ele começou a copiar o comportamento de alimentação de Mzee, mastigando a mesma relva. Ele não dava atenção a outros hipopótamos que bramiam em outros pontos do parque, e ficava mais ativo durante o dia, o que é o oposto do comportamento típico dos hipopótamos, mas que é compatível com as preferências da tartaruga. Os dois seguiam um ao outro por

HIPOPÓTAMO
O bocejo do hipopótamo não é um sinal de cansaço e sim uma demonstração de poder. É usado para ameaçar predadores por meio da exibição dos colossais dentes do animal.

toda parte, chafurdavam juntos no laguinho e dormiam lado a lado, o tronco musculoso contra a carapaça desgastada pelo tempo. Owen adquiriu uma atitude protetora para com o seu companheiro réptil e demonstrava carinho por ele, lambendo a cara de Mzee enquanto ele descansava a cabeça na barriga de Owen.

Os cientistas ficaram fascinados com a maneira pela qual os dois animais desenvolveram a sua própria linguagem física e verbal. Com delicadas mordidas e cutucadas nas patas ou na cauda, eles diziam um ao outro quando se mover e em que direção. Eles se expressavam, um para o outro, por meio de sons profundos e ribombantes que não eram típicos de nenhum dos dois animais. "O que me impressiona é como o sistema de comunicação mútua deles se tornou sofisticado", declara Barbara King, behaviorista especializada em comportamento animal. "É uma dança dinâmica entre duas espécies desprovidas de um programa predefinido para lidar uma com a outra. E não pode se tratar apenas do instinto, porque um estava moldando o seu comportamento pelo outro."

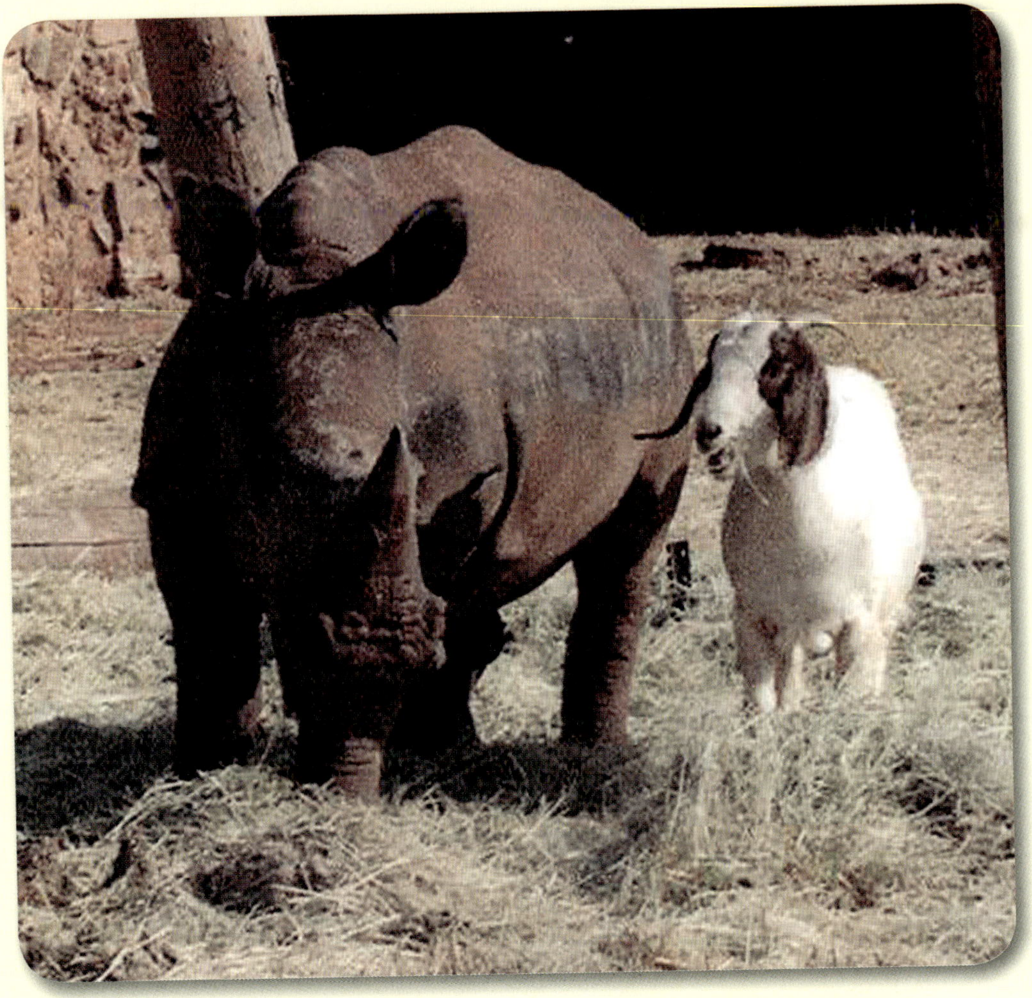

{ÁFRICA DO SUL, 2005}

O rinoceronte-branco e o bode

THE RHINO AND LION NATURE RESERVE, SITUADA NO PLANALTO DA REGIÃO do interior da África do Sul, recebeu esse nome em homenagem a dois dos seus animais mais carismáticos, o rinoceronte e o leão. De propriedade do corretor de valores Ed Hern, nos seus primeiros dias o lugar era apenas uma velha fazenda com um modesto bando de dois rinocerontes-brancos. A reserva hoje abriga mais de seiscentos animais selvagens, representando 25 espécies.

Um dos animais era um rinoceronte fêmea de 6 meses de idade, que fora levado para a reserva depois que a sua mãe foi morta por caçadores ilegais. O filhote foi avistado escondido atrás da carcaça da mãe, e foi decidido que seria criado como animal doméstico até ter idade suficiente para prover a própria subsistência entre outros rinocerontes. No entanto, um rinoceronte de 6 meses toma muitos galões de leite por dia, e era difícil conseguir essa quantidade de leite todos os dias. Por sorte, um fornecedor de laticínios sul-africano se

> **RINOCERONTE-
> -BRANCO**
> REINO: Animalia
> FILO: Chordata
> CLASSE: Mammalia
> ORDEM: Perissodactyla
> FAMÍLIA: Rhinocerotidae
> GÊNERO: Ceratotherium
> ESPÉCIE: C. simum

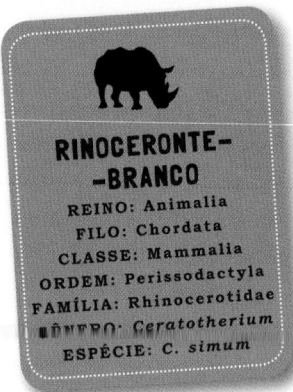

ofereceu para doar a quantidade de leite necessária para alimentar o animal. A generosa empresa se chamava Clover, que passou então a ser também o nome do rinoceronte.

Clover desejava uma constante atenção, diz Lorinda Hern, a filha do dono da reserva. Isso é compreensível para um animal que é tipicamente inseparável da mãe nos primeiros 18 meses de vida. Durante algum tempo, um encarregado humano fez companhia a ela – o que era praticamente um trabalho de tempo integral. Naquele ponto, o consumo de leite do filhote era de cerca de 55 litros por dia; na hora das refeições, ela esperava impaciente os seus galões de leite gritando e pisoteando como uma criança mimada. No entanto, quando o peso do rinoceronte chegou a quase trezentos quilos, o cargo de acompanhante tornou-se cada vez mais perigoso. Embora Clover fosse extremamente afável, a sua massa enorme significava que ela poderia facilmente esmagar o pé de um ser humano – ou fazer coisa pior – apenas por ser impetuosa demais. As tentativas humanas de disciplina eram inúteis para moderar a exuberância do filhote. Além disso, de qualquer modo, não era ideal que ela se apegasse em excesso a seres humanos, pois isso a tornaria um alvo fácil para caçadores ilegais no futuro.

Mas a vida solitária não era boa para Clover, e ela logo caiu doente. Um veterinário da localidade a diagnosticou com úlcera estomacal, problema que ele acreditou estar relacionado com o stress e a solidão. Clover precisava de um novo amigo, mas não havia outros jovens rinocerontes disponíveis. Assim sendo, em uma medida experimental, um bode adulto domesticado foi introduzido no cercado de Clover.

Como era de se esperar, Clover ficou muito curiosa com relação ao novo residente, cheirando-o e cutucando-o com o focinho sempre que surgia oportunidade. Infelizmente, o seu novo vizinho ficou incomodado com o comportamento invasivo. Ele a atacava, com a cabeça abaixada agressivamente da maneira como os bodes estabelecem uma hierarquia quando estão entre outros bodes. Clover recuava humildemente para uma distância mais segura. No entanto, minutos depois, ela se arriscava e se aproximava de novo. Embora Clover assomasse como um gigante sobre o bode, o animal menor não se deixava intimidar e demonstrou ser o membro dominante da dupla. Clover estava tão empolgada por ter um amigo, mesmo sendo um amigo de humor instável e temperamental, que pareceu contente em aceitar os termos dele.

Em uma ou duas semanas, o rinoceronte e o bode – chamado apropriadamente de Goat [bode, em inglês], se bem que com pouca imaginação – se tornaram inseparáveis. O rude bode pacientemente satisfazia a vontade de Clover quando ela queria brincar de "pegar", brincadeira que era marcada por gritos excitados e grunhidos satisfeitos do rinoceronte. Quando Clover estava cochilando, Goat subia habilmente nas costas dela e a usava como um mirante para observar o território. Nesse meio-tempo, Clover generosamente compartilhava o seu abrigo, a sua comida e os seus brinquedos, e era totalmente dedicada ao novo companheiro. Ela o seguia incessantemente; era o bichinho de estimação de 600 quilos de Goat. Apesar da irritação ocasional deste último por causa da persistência de Clover, Lorinda diz que os dois se aconchegavam na hora de dormir. Os membros da equipe da reserva se preocupavam com a possibilidade de Goat ser esmagado pelo peso da companheira adormecida, mas não aconteceu nenhum acidente desse tipo. E eles têm certeza de que foi a presença de Goat que ocasionou uma completa reviravolta na saúde de Clover. Ela engordou e ficou mais animada. Com um companheiro por perto, tudo passou a correr bem.

BODE
REINO: Animalia
FILO: Chordata
CLASSE: Mammalia
ORDEM: Artiodactyla
FAMÍLIA: Bovidae
GÊNERO: Capra
ESPÉCIE: C. aegagrus

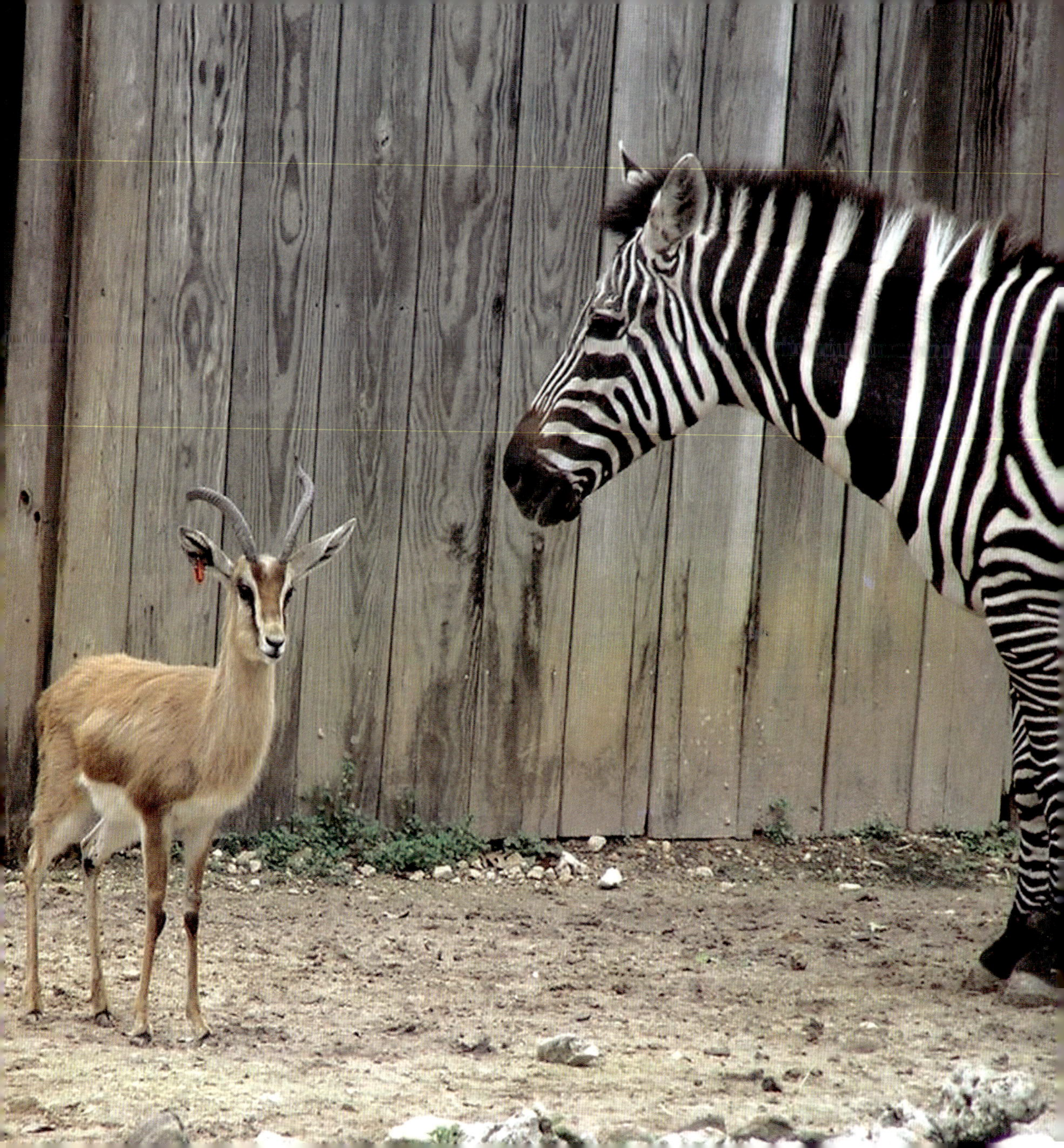

{Texas, EUA, 2008}

A zebra e a gazela

EIS UMA RÁPIDA HISTÓRIA A RESPEITO DE UMA GAZELA QUE ENCONTROU uma improvável protetora em uma zebra.

Primeiro, imagine uma jovem gazela na natureza selvagem. Ela é um animal frágil e vulnerável que pasta pelos campos, estepes e desertos montanhosos da África, Arábia e Índia. A melhor defesa do pequeno ungulado contra os tipos agressivos – geralmente felinos predadores – é correr para salvar a própria vida... e ser um pouquinho mais rápido do que a gazela que estiver correndo ao seu lado.

Ao que parece, a gazela do zoológico de Houston nunca precisará fugir de um inimigo.

De acordo com o administrador Daryl Hoffman, o zoológico tem um grande local de exibição de múltiplas espécies com javalis africanos, zebras, elãs gigantes, nialas (um antílope sul-africano) e uma solitária gazela-dorcas macho – a menor variedade. "Quando reunimos esses animais há alguns anos, ficamos preocupados com a segurança da gazela", comenta o administrador. "As zebras são conhecidas pela sua agressividade contra antílopes jovens ou pequenos, e sabidamente matam recém-nascidos." Por isso, eles ficaram observando de perto a situação. (Na natureza selvagem, a gazela, com receio de um possível agressor, pode ser vista saltando na vertical sobre as quatro patas, como se estivesse sobre um pula-pula.)

ZEBRA
REINO: Animalia
FILO: Chordata
CLASSE: Mammalia
ORDEM: Perissodactyla
FAMÍLIA: Equidae
GÊNERO: Equus
ESPÉCIE: E. zebra

Para surpresa e encanto de todos, uma das zebras fêmeas no grupo misto formou um forte relacionamento com a gazela macho. Ela começou a ficar ao lado dele o tempo todo, zelando por ele quando ele descansava, seguindo-o quando ele perambulava e cutucando o pequeno animal com o focinho para que se juntasse a ela quando ela estava pronta para se deslocar de um lugar para outro dentro do terreno cercado – como uma mãe zebra poderia fazer com o seu potrinho.

É claro que em um ambiente mais selvagem, esses dois animais ungulados teriam que se separar. As gazelas-dorcas costumam migrar para as proximidades, sendo bem adaptadas ao seu lar árido e, às vezes, até mesmo sobrevivendo sem uma importante fonte de água, obtendo o líquido que necessitam das plantas que comem. No entanto, a fome, a sede e o desejo de se acasalar das zebras as levam a percorrer grandes distâncias com a mudança das estações, unindo-se a enormes migrações de gnus e outros bandos de animais nômades em busca de terras mais verdes e úmidas. Entretanto, no refúgio seguro de um zoológico, esses instintos natu-

GAZELA-DORCAS
REINO: Animalia
FILO: Chordata
CLASSE: Mammalia
ORDEM: Artiodactyla
FAMÍLIA: Bovidae
GÊNERO: Gazella
ESPÉCIE: G. dorcas

rais são às vezes suplantados por outros instintos. No caso da zebra e da gazela, tudo indica que o instinto materno triunfou.

Quando a equipe do zoológico introduziu um novo javali africano no grupo, por exemplo, a zebra assumiu uma atitude extremamente protetora para com a gazela, como se soubesse que o grande porco poderia ser temperamental. "Sempre que o javali se aproximava da gazela, ela se colocava entre eles, para garantir que o javali não chegaria perto demais", comenta Hoffman.

Um incidente especialmente digno de nota foi o que aconteceu quando a gazela se machucou e a zebra intensificou a atitude protetora. Quando a equipe chegou ao local para tratar do animal machucado, a zebra ficou frenética e ficou empurrando-o, tentando persuadi-lo a se levantar e ficar fora do alcance humano. "Como ele não se mexeu, a zebra tentou impedir que nos aproximássemos", relembra Hoffman. A gazela acabou sendo removida e foi tratada na clínica do zoológico. Quando a gazela voltou para o local da exibição, diz Hoffman, os dois animais se mostraram um pouco titubeantes um com o outro. No entanto, passados alguns dias, a zebra e a gazela voltaram a se reunir, no seu estilo ungulado. Eles agora trotam pela vida novamente lado a lado.

Epílogo

Não é tentador, extremamente humano, olhar nos olhos do nosso cachorro e ver amor, ou acreditar que os lábios virados para cima da cara de qualquer animal signifiquem felicidade? Considere o golfinho, com o seu famoso sorriso permanente. É quase decepcionante descobrir que a expressão está relacionada com a estratégia de alimentação do animal e não com a sua disposição de ânimo. Como ressalta o escritor Eugene Linden em *The Parrot's Lament*, "se os golfinhos tivessem evoluído de maneira a atacar os peixes a partir de cima em vez de a partir de baixo, eles poderiam ter sido amaldiçoados com uma permanente carranca."

Ainda assim, espero que este livro tenha convencido alguns céticos de que a emoção e a empatia, bem como o prazer e o desapontamento, não se situam apenas na esfera humana. A tarefa de reunir essas histórias abriu os meus olhos para a frequência com que esses animais podem nos surpreender com a profundidade do seu interesse e carinho. Quando a notícia de que eu estava coletando histórias entre diferentes espécies se espalhou, passei a receber diariamente fotos e narrativas – em número bem maior do que eu poderia usar. Fui apresentada a um lugar especial na Inglaterra chamado

(direita) Um labrador e um filhote de gibão aconchegados no Twycross Zoo.
(esquerda) Outro filhote de gibão abraça um amigo.

Twycross Zoo, onde, há décadas, primatas são amigos de cães, bem como a lares onde animais de estimação de diferentes espécies brincavam, comiam e dormiam juntos como irmãos e irmãs humanos. Ouvi falar de um filhote de cachorro que se aconchegava a um porco-espinho órfão, e li a respeito de um chimpanzé que encontrou um pássaro na sua jaula e delicadamente libertou-o. Examinei imagens de um pintinho montado em cima de uma tartaruga, um orangotango levando um cachorro para passear na coleira e um camundongo se balançando no poleiro ao lado de um periquito-namorado. Tive que me conter, caso contrário eu preencheria mais centenas de páginas com histórias engraçadas, encantadoras e inspiradoras.

Ainda assim, há mais uma história que simplesmente não posso deixar de contar, a minha própria história, de modo que gostaria de encerrar com ela. Ela descreve uma estranha combinação de peixes que observei juntos na Grande Barreira de Corais na Austrália em 2009. A história talvez não se encaixe exatamente na lista de "amizades", mas mesmo assim é um relato maravilhoso de uma interação entre espécies.

É claro que um sem-número de barbatanas de peixes colide umas com as outras no ambiente dos recifes de coral, mas este emparelhamento de espécies específico não apenas me fez rir (o que não é fácil com um regulador de scuba na boca), mas também fez com que eu me perguntasse o que estaria acontecendo naqueles pequenos cérebros de peixe. A cena estava pronta para uma antropomorfização. Permitam-me.

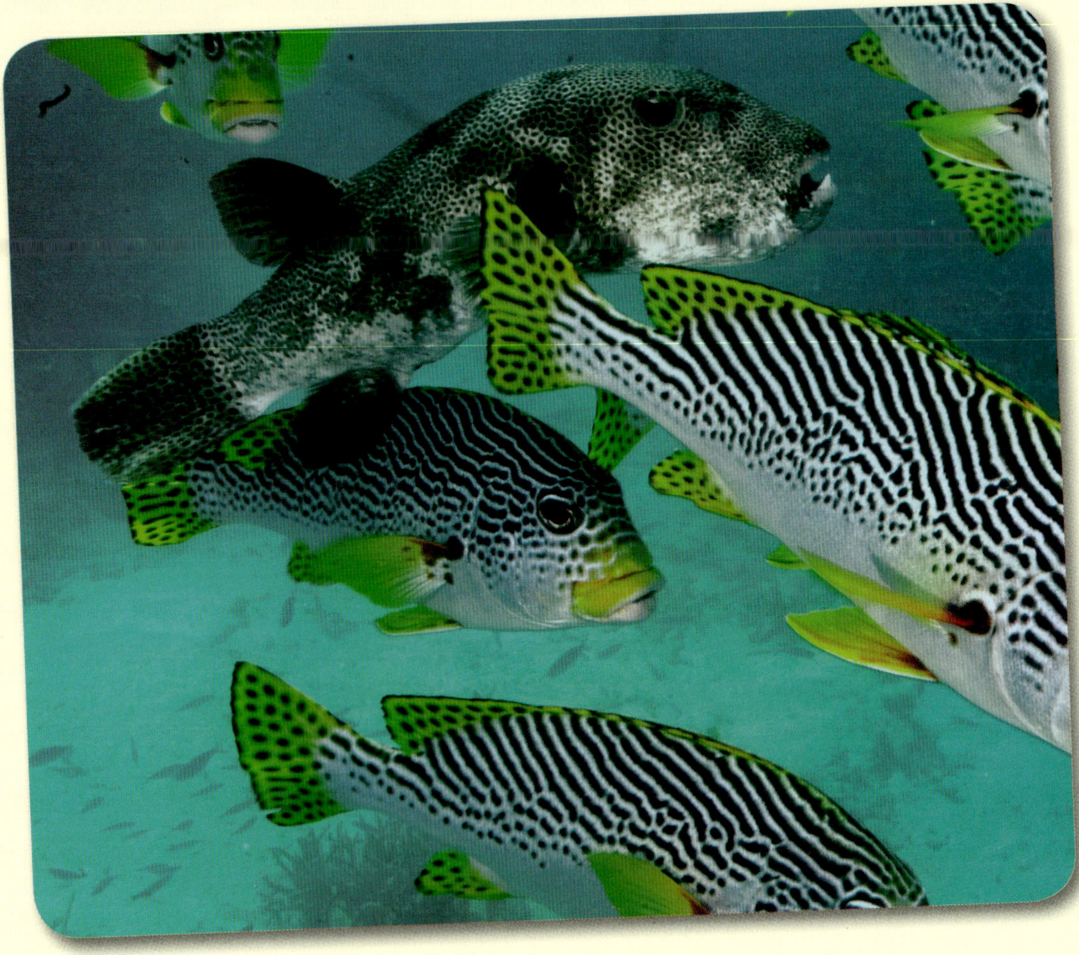

{Austrália, 2009}

A autora, o *sweetlips*[1] e o soprador-estrelado

Na Grande Barreira de Corais da Austrália, vemos uma explosão de vida se mergulharmos quando os raios de sol se espalham pelo mar.

Pelo menos duas mil espécies de peixes, ao lado de invertebrados e outras criaturas, serpeiam e deslizam rápido pelas paredes dos recifes, que é uma série de montanhas de coral que sobem e descem ao longo de cerca de 2.300 quilômetros – a maior estrutura natural viva da Terra. Lá, em uma extensão particularmente dinâmica de rocha, presenciei uma parceria marinha diferente de tudo o que eu já tinha visto até então.

O oceano é um bom lugar para encontrar relacionamentos "simbióticos" – associações de diferentes espécies que podem oferecer benefícios como o acesso à comida, proteção ou apenas uma carona de um lugar para outro.

---

1. Tradução literal: doces lábios. (N. do T.)

Pense no peixe-palhaço que se protege dos predadores vivendo dentro das anêmonas venenosas, ou na rêmora que se agarra à barriga do tubarão para se alimentar dos parasitas que ali vivem.

Mas eu nunca tinha ouvido falar neste caso de simbiose, e ele tampouco tinha uma explicação óbvia. Tratava-se realmente de um bizarro agrupamento de "amigos". O nosso grupo de mergulho – em uma missão para a revista *National Geographic*, que incluía os fotógrafos David Doubilet e Jennifer Hayes – estivera explorando esse local havia dias, e todos já tínhamos visto antes o peixe soprador-estrelado. Ele (estou adivinhando o sexo do peixe) era um espécime idoso, uma bola desgastada. Estava sempre sozinho, ocioso no fundo do mar ou se deslocando lentamente nos locais mais rasos. Estranhamente manso, ele deixou que eu me aproximasse e nadasse ao lado dele. As vibrações frenéticas das suas minúsculas barbatanas impulsionavam para a frente o peixe bulbiforme, que contraía um dos olhos enquanto me lançava olhares rápidos.

Certa tarde, quando me soltei da beira do recife, avistei o meu amigo soprador, mas dessa vez ele não estava sozinho. Estava no meio de um cardume de peixes completamente diferentes dele. Os peixes eram *sweetlips*, um tipo colorido de roncador, de boca larga, que nadam em grandes números em águas rasas e ensolaradas. O soprador idoso, uma coisa frustrante e decadente no meio daquele encanto coletivo, passeava entre eles como se ali fosse o seu lugar, e

SWEETLIPS ORIENTAL
REINO: Animalia
FILO: Chordata
CLASSE: Actinopterygii
ORDEM: Perciformes
FAMÍLIA: Haemuliadae
GÊNERO: Plectorhinchus
ESPÉCIE: P. vittatus

SOPRADOR--ESTRELADO
REINO: Animalia
FILO: Chordata
CLASSE: Actinopterygii
ORDEM: Tetraodontiformes
FAMÍLIA: Tetraodontidae
GÊNERO: Arothron
ESPÉCIE: Arothron stellatus

os *sweetlips* pareciam alheios ao invasor. Os peixes pairavam na água como se estivessem amarrados aos cordões de um móbile, subindo e descendo em sincronia com os caprichos das correntes. O soprador parecia absurdo, e no entanto estranhamente majestoso, no seu lugar central, com um halo de belezas amarelas cercando a sua majestosa forma intumescida.

Aquilo não foi um acaso. O estranho aglomerado estava presente mais tarde, e também no dia seguinte. O conjunto de diferentes espécies era o grupo de recepção quando chegávamos ao recife e eram eles que se despediam de nós quando íamos embora. Era uma cena encantadora.

Posso apenas dar um palpite com relação ao interesse desse soprador gigante pelos *sweetlips*. A minha melhor explicação "biologicamente correta" é a seguinte: ambas as espécies adoram uma boa limpeza, e peixes-limpadores – pequenos peixes que beliscam a pele velha e os parasitas de peixes maiores – são comumente encontrados onde os *sweetlips* se reúnem; eles são convidados para entrar na boca escancarada dos peixes para mordiscar os restos de comida. Talvez o soprador tenha compreendido que para ter acesso à melhor estação de limpeza, ele teria que se juntar ao grupo. E uma vez que chegou ao centro do palco e foi aceito, ele simplesmente ficou por ali.

Mas há uma explicação mais divertida, que seria sem dúvida rejeitada por qualquer cientista. Digamos que todo aquele colorido e beleza tenha feito com que a disposição de ânimo do velho soprador tenha ficado menos azeda e mais animada, levando aquele ser solitário a querer ficar naquele lugar alegre, onde são formadas as melhores amizades.

Referências

PUBLICAÇÕES E FILMES

"Assignment America", *CBS Evening News*, 2 de janeiro de 2009.

Badham, M. e N. Evans. *Molly's Zoo.* Simon & Schuster, 2000.

Bekoff, M. *The Emotional Lives of Animals.* New World Library, 2007. [*A Vida Emocional dos Animais*, Editora Cultrix. SP, 2010.]

Bolhuis, J. J. "Selfless memes." *Science 20,* novembro de 2009, p. 1063.

California Fire Data: http://bof.fire.ca.gov/incidents/incidents/incidents_stats.

De Waal, F. *Good Natured.* Harvard University Press, 1996.

Douglas-Hamilton, D., produtor. Heart of a Lioness. *Mutual of Omaha's Wild Kingdom,* 2005.

Feuerstein, N. e J. Terkel. "Interrelationships of dogs (*Canis familiaris*) e gatos (*Felis catus L.*) living under the same roof." *Applied Animal Behavior Science* 10 (2007).

Goodall, J. Entrevista com Doug Chadwick para a revista *National Geographic,* 2009, e contato pessoal, junho de 2010.

Hatkoff, I., C. Hatkoff, e P. Kahumbu. *Owen & Mzee: The Language of Friendship.* Scholastic Press, 2007, e contato pessoal.

Kendrick, K., A. P. da Costa, A. E. Leigh, *et al.* Novembro de 2001. "Sheep Don't Forget a Face." *Nature,* 414:165.

Kerby, J. *The Pink Puppy: A True Story of a Mother's Love.* Wasteland Press, 2008, e contato pessoal.

Kiing, B. *Being with Animals*. Doubleday, 2010, e contato pessoal.

Laron, K. e M. Nethery, *Two Bobbies: A True Story of Hurricane Katrina, Friendship, and Survival*. Walker & Co., 2008.

Linden, E. *The Parrot's Lament*. Plume, 1999.

Maxwell, L. "Weasel Your Way into My Heart." The Humane Society of the United States (website), 2010, e contato pessoal.

Morell, V. e J. Holland. "Animal Minds." *National Geographic,* 213:3, 2008.

Nicklen, P. *Polar Obsession* (National Geographic Society, 2009) e contato pessoal.

Patterson, F. *Koko's Kitten*. The Gorilla Foundation, 1985.

There's a Rhino in My House (filme). Animal Planet, 2009.

Vessels, J. "Koko's Kitten." *National Geographic,* 167:1, 1985.

FONTES SELECIONADAS DA INTERNET

Animal Liberation Front (animalliberationfront.com)
Best Friends Animal Society (bestfriends.org)
Cute Overload (cuteoverload.com)
Interspecies Friends (interspeciesfriends.blogspot.com)
Mail Online (dailymail.co.uk)
Rat Behavior and Biology (ratbehavior.org)

LEITURAS ADICIONAIS SOBRE AS EMOÇÕES E O COMPORTAMENTO DOS ANIMAIS

Balcombe, J. *Second Nature*. Palgrave Macmillan, 2010.
Bekoff, M. *Wild Justice: The Moral Lives of Animals*.University of Chicago Press, 2010.
De Waal, F. *The Age of Empathy*. Harmony Books, 2009.
Goodall, J. e R. Wrangham. *In the Shadow of Man*. Harper Collins, 1971, e Mariner Books, 2010.
Hatkoff, A. *The Inner World of Farm Animals*. Stewart, Tabori & Chang, 2009.
Hauser, M. D. *Wild Minds*. Henry Holt and Co., 2000.
Masson, J. M. e S. McCarthy. *When Elephants Weep*. Delacorte Press, 1995.
Page, G. *Inside the Animal Mind*. Doubleday, 1999.

Agradecimentos da autora

Este projeto foi em grande parte uma iniciativa de colaboração, já que não haveria nenhuma história não fossem os contadores das histórias. Eles eram donos de animais de estimação, tratadores de zoológicos, membros de equipes de resgate de animais, fotógrafos, biólogos e outros amantes de animais que presenciaram interações entre diferentes espécies, perceberam que os momentos eram especiais e se mostraram dispostos a compartilhar o que viram. Agradeço do fundo coração às pessoas amáveis, muitas das quais são citadas nos textos do livro, que pacientemente forneceram informações e imagens que possibilitaram a publicação deste livro.

Também sou extremamente grata à equipe da Workman Publishing, especialmente a Raquel Jaramillo, por me escolher para realizar este projeto e por ter a gentileza de elogiar o resultado, a Beth Levy por acompanhar o original pelas fases de preparação e revisão, e a Melissa Lucier pelo seu incansável esforço de localizar fotógrafos no mundo inteiro.

Finalmente, agradeço a minha família, amigos e colegas que me ajudaram ao longo do caminho. Relaciono a seguir apenas alguns deles:

- Lynne Warren, por editar a confusa primeira versão preliminar

- Melanie Costello, por me manter organizada e confiante

- Penny Bernstein, pelas suas inesgotáveis ideias e pelo apoio

- Mari Parker e Chen Yiqing, pelas traduções

- Lorie Holland, pela entusiasmada promoção e conselhos de vendas

- Meu marido, John, por tolerar os altos e baixos, bem como a minha obsessiva leitura em voz alta

- Minha sobrinha e sobrinhos, por me darem as melhores razões para eu contar todas essas histórias

- Minha mãe muito amada, por transmitir o seu amor pelos animais.